斎藤一人 ひとり
Saito Hitori

大富豪が教える 大金持ちになる話し方

宮本真由美 著
Miyamoto Mayumi

PHP研究所

はじめに

この本を手にとってくれたあなたに、まずお願いがあります。

お金持ちになりたくなかったら、絶対にこの本を読まないでください。

なぜなら、読むと絶対にお金持ちになってしまうからです。その上、人からも愛されてモテモテの人生を歩むことになります。

お金持ちになりたくない！　孤独でいたい‼という人は、この本を読まないでください（笑）。

「お金持ちになる！」

こう覚悟ができたなら、ぜひページをめくってみましょう。この本には〝話し方〟を通じて、人生の成功者となり、お金持ちになる知恵が満載です。

人生の師匠である、〝スリムドカン〟〝ドラゴンパワー善玉王国〟〝夢のサプリ〟などのサプリメントを扱う『銀座まるかん』の創設者で累計納税額日本随一のお金持ち・斎藤一人さんはこんなふうに教えてくれました。

「話し方を変えることは、ちょっとやそっとの気持ちではできないよ。でも、やれば効果絶大だよ」

もしかしたら、あなたはこれまでに自己流で話し方を変えてみようとして上手くいかなかったり、話し方の本を読んで挫折してしまったり、なんらかの上手くいかなかった経験があるかもしれません。

一人さんの言うように、話し方を変えることは、「ちょっとやそっとの気持ち」じゃできないんです。

でも、安心してください。

「お金持ちになる！」と覚悟したあなたが、この本に書いてあることを何か一つでも実践すれば、絶大なる効果が現れます。なぜなら、私は一人さんが教えてくれた方法でお金持ちになれたからです‼

私もかつては一般企業に勤める普通のＯＬでした。けれど、一人さんに出会い、「お金持ちになる！」と覚悟を決めて、一人さんの教えを一つひとつ実践したから、京都の長者番付に載るまでのお金持ちになることができたのです。

これは、私にとっての奇跡です。

ただ、私にだけ起きる奇跡ではありません。

覚悟を決めて実践した人には、必ず起きる奇跡なんです。

一人さんは言います。

「この本を読むだけでも進歩。書いてあることをやりたいなと思っただけで進歩。何か一つやってみたら大進歩だよな。

これは一生をかけてやることだから、途中は失敗だらけなの。〝こう思っていたけどこんなことを言っちゃった〟とか、そんなのはザラなの。

でも、オレたちは落ち込んでいるヒマなんかないよ。オレたちは一つひとつ改良するしかないいんだよ」

最初は失敗して当然です。

プールの飛び込みができない人でも、勇気を出して飛び込めば、二回、三回と挑戦しているうちに飛び込めるようになるのです。

初めてやることを上手くやろうなんて、ハードルが高すぎです。

最初に必要なのは、上手くやろうということじゃなくって〝勇気〟だけ。

さぁ!! 覚悟はいいですか!!

次はあなたがお金持ちになる番ですよ。

16ページから始まる部分には、一人さんがこの本のために特別にお話ししてくださった**〝お金や話し方のキホン〟**となる知恵について、たっぷり書かれています。

第1章からは私、宮本真由美が一人さんから教わったお金持ちになる話し方について具体的にわかりやすくご紹介していきたいと思います。

巻末には**特別企画**がついています。

ここでは、

～まだまだ話し方に自信を持てないあなた～

〜まだまだ会話が上手にできないあなた〜
〜また挫折してあきらめてしまいそうなあなた〜
のために、
会話が上手くならなくっても、話さなくても、お金持ちになれちゃう〝究極の方法〟を教えます！

話し方を身につけるには時間がかかります。
もし、「今すぐにでも、人と楽しく会話をしたい！」という方は、まずこちらから読んでいただいてもかまいません（笑）。

私たち一人さんの教えを実践している仲間たちの間では、「いいこと聞いたら、すぐ実行!!」が、合言葉です。
そして、いいことを実行する人を〝**実践ジャー**〟と呼んでいます（笑）。
あなたも実践ジャーになって、ともにお金からも人からも愛される幸せなお金持ちの道を歩みましょうね！

宮本真由美

斎藤一人
大富豪が教える
大金持ちになる話し方

目次

大富豪・斎藤一人さんが教える「話し方でお金持ちになる知恵」

第1章

話し方を変えるだけで、人生は激変する！

第2章 お金に愛される話し方の基本

第3章 会話のキャッチボールが上達するコツ

第4章 人とお金を引き寄せる秘密の言葉

特別企画

〝話さなくても お金持ちになれる究極の方法〟

〜まだまだ話し方に自信を持てないあなた〜
〜まだまだ会話が上手にできないあなた〜
〜また挫折してあきらめてしまいそうなあなた〜

会話が上手くならなくっても、話さなくても、お金持ちになれちゃう〝究極の方法〟を教えます！

装　丁：一瀬錠二（Art of NOISE）
編集協力：小林幸枝

大富豪・斎藤一人さんが教える「話し方でお金持ちになる知恵」

「お金を稼ぐ」と「お金持ちになる」は違う

いいかい？　話し方でお金を稼ぐ人にはなれるけど、〝お金持ち〟にはなれないいんだよ。「お金を稼ぐ」＝「お金持ちになる」ことだと思っている人がいるけど、そうじゃないいんだよ。今よりもお金を一〇倍稼いだら、一〇倍貯まると勘違いしている人がいるけど、そうはいかないいんだ。

なぜかと言うと、その人が、今までは、一つ一万円のバッグを買って満足していたとするよな。ところが、一〇倍稼ぐようになると、今度は欲が出てきてシャネルだったりブランドもののバッグが欲しくなる。そうすると、そういうバッグは一つ五〇万円くらいする。ということは、五〇倍なんだよ。つまり、一〇倍の収入になると、五〇倍のものが欲しくなる。これじゃあ、出ていくお金のほうが大きいから、お金は貯まらない。稼ぐことはできてもお金持ちにはなれないいんだよ。

お金というのはね、貯める気にならないと貯まらないの。

だから、「お金を稼ぐ方法」と「お金を貯める方法」は別で、二つの問題なんだよ。

話し方によって、人から好感を持たれるとか、仕事が来るとか、お金を稼ぐ人にはなれるけれど、お金持ちにはなれないよ。

だから、どんな職業でも、何億円もの年収を稼いでいるのに、実際は、お金を持っていない人が意外と多いんだよ。

お金を稼ぐ人になる話し方はあるけれど、お金持ちになれる話し方はないんだよ。

一人さんのここがPOINT

お金は貯める気にならないと貯まらない！

一万円でも貯められたら〝お金持ち〟は近い

まず、〝お金持ち〟の意味を知ってるかい？

みんな勘違いしてるのが、何億円持ってるとか、金額だと思ってるんだよね。

違うよ。字の通りなんだ。〝お金を持っている人〟だよ（笑）。


たとえば、あなたが一銭も持っていないとする。

それは、〝お金なし〟なんだよ（笑）。

そんなあなたが一万円貯金すると、一万円持っている〝お金持ち〟になったんだよ。

もう、お金持ちの仲間入りをしたんだよ。

来月も一万円貯金すると、二万円お金持ちになる。つまり、お金持ちというのは自分の問題なんだよ。一万円ずつでも毎月貯金している人は、どんどんお金持ちになっている。


いくら稼いでも全て使ってしまう人は、自分に一銭もあげていない人なんだよ。

つまり、一銭も自分にお金が残っていないということは、洋服屋やレストランとか、自分がお金を使ったところにみんなあげちゃって、自分には一銭もあげていないのと一緒なんだよ。

お金って、そういう人が嫌いなの。

あなたのお給料がいくらでもいいの。たとえば、一〇万円だったら、その一割の一万円を自分のところに残しておこうという人は、お金に好かれるんだよ。

そうやって来月も一万円、再来月も一万円……というように貯めている人は、**〝お金持ちの旅路〟**を歩いている〝お金持ち〟なんだよ。

一カ月のお小遣いが三〇〇〇円の子どもが三〇〇〇円ずつ貯め出したら、もうそれで、お金持ちなんだよ。使い切ってしまう人生ではなく、〝お金持ちの旅路〟を歩いているんだよ。

だから、お金持ちというのは、いくら貯金を持っているかではなくて、二万円しかなかった人が三万円になれば、それでもう、お金持ちとしての道を歩いているんだよ。

全部使ってしまう人と、少しでも貯めようという人では人生が違うの。

上り電車に乗っている人と下り電車に乗っている人とでは、行く道やたどり着く場所が違うのと同じなんだよ。

そのことがわかっていないと、たとえばあなたが一億円財産をもらったとしても、これは溜め池をもらったのと同じだから、だんだん干上がってすぐになくなっちゃうんだよ。地面に吸われちゃったり、太陽に照らされて乾燥したり。

要するに、一万円ずつでも貯めるというのは、働いているから貯められるのであって、働くということは川の流れなんだよ。その流れにダムを作る。

仕事が嫌いな人は、ちょっとお金が入るとすぐ仕事を辞めたがるんだよ。でも、川の流れのないところにダムを作っても時間の問題。すぐに干上がってどうにもならないよな。

「私は先月よりもお金持ちになった」「先々月よりもお金持ちになったよ」と言っている人は、お金持ちなんだよ。目的に向かっている人だから、一万円でも二万円でも貯められたらお金持ちになっているんだよ。

成功者とは、成功を重ねながら成功者になるので、失敗を重ねながら、突然成功するなんてないんだよ。

お金に関しては特にない。

そのことがわかっていれば、会話だって楽しいんだよね。

オレは日本一のお金持ちだとまわりのみんなから言われているけど、オレと会って「私も一人さんみたいにお金を貯めてがんばっているんです」と言う人は、オレと同じ〝お金持ちの旅路〟を歩いている仲間なんだよ。

だから、そんな人に会うと、「おお、がんばれよ」「わからないことがあったら聞けよ」って、心から応援したくなるんだよ。だって、向かっている場所が同じ仲間だからな。

オレはお金を貯めたことがないんだよ。貯めなくたって特に欲しいものがないんだよ。仕事が好きで欲しいものがないから、勝手に貯まっちゃうんだよ（笑）。

もし、あなたがお金をみんな使ってしまう性質だとしたら、貯めるようにしないとダメだよ。それを知って、お金を貯めはじめれば、自分はお金持ちとしての成功への道を毎日歩いているんだとわかる。

アメリカの大富豪・ロックフェラーだろうと、どんなお金持ちだろうと、あなたと同じ波動で同じ道を歩いている人なんだよ。

だから、誰にも、引け目を感じることはないんだ。

屋久島の屋久杉はとても大きいけれど、最初はみんな小さな杉なんだよ。それでも、完璧な杉なんだよな。屋久杉は小さい杉を見てバカにすることはないだろう？（笑）

成功者というのは、それなりに人生をいろんな思いをして上がってきているから、同じ思いでガンバっている人をバカにするようなことは、絶対にしない。

もし、バカにするようなヤツがいたら、そいつは根性がひん曲がっているんだよ。

そんなヤツとは付き合うなという神さまからの合図だよな。

自分が成長すると、見えるものが違ってくる。

一〇センチの高さから見るのと、一メートルの高さから見るのとでは、見える景色がぜんぜん違う。東京でいちばん高いビルに昇れば、東京中が見渡せるんだよな。

だから、成長すると、今日見えないものでも、もうちょっと見えるようになってくるんだよ。

一人さんのここがPOINT

今日から行動を始めた人は、もうすでに〝お金持ち〟になっている！

「仕事がいちばん大好きです」は、お金に愛されるヒミツの言葉

17ページで、「お金を稼ぐ人になる話し方はあるけれど、お金持ちになれる話し方はない」と言ったよな。ただ、**〝お金に好かれる言霊《ことだま》〟**はある。

「仕事がいちばん大好きです」

この言葉がいちばんお金を引き寄せるんだよ。

オレの場合だったら、仕事が一番好きで、二番目が女性、三番目がドライブ。

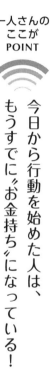

たとえ釣りがいちばん好きでも、「釣りがいちばん好き」と言っちゃいけないの。

釣りへ行けるのも、ドライブに行けるのもお金があるからで、お金を生み出すのは仕事なの。

「仕事が嫌い」と言うと、仕事の神さまから嫌われるし、お金の神さまからも嫌われてしまうんだよ。

それからね、いくらお金が好きでも、「お金が好き」と露骨に言っているとカッコ悪いんだよ。

言い方ってとっても大切だよ。

たとえば、女の人から「趣味はなんですか？」って聞かれて、「競馬です」と答えるよりも、「乗馬です」って答えるほうがカッコいいし、好かれるだろ？（笑）

同じ馬好きでも、言い方次第でぜんぜんその人の印象って変わるよな。

それと同じで、「お金が欲しい」と言っても、お金には好かれないの。「仕事が好き」と言っていると、「えっ、仕事が好きなんですか？」と、最初は驚かれることがあるかもしれないけれど、「そうなんです！　仕事が大好きなんです！」って、言い続ければいいんだよ。

だってさ、わかるかい？　お金持ちになりたいんだよな？

人と同じことを言っていて、人と違う結果を出すことはできないよ。

それに、本当は「仕事っておもしろいですよ」「やりがいがあるし、楽しいですよ」と言っているほうが世間にも好かれるし、なんといっても、お金に好かれる。

仕事が嫌いでもいいから、「仕事が好きだ」と言ってごらん。

おもしろいんだけど、「好きだ、好きだ」と言っているうちに、だんだん本当に、仕事が好きになってくるの。

それが、言霊の不思議なところなんだよね。

一人さんのここがPOINT

お金を生み出すのはあくまで仕事！

自分の役柄を変えよう

話し方で何がいちばん大切かというと、**「感じの悪い話し方をしない」**ということだよな。

感じの悪い話し方ってどういうことかというと、言葉にトゲがあったり、毒があったり、相手を傷つけるような言い方だったり。

これを直すとき、話し方だけ変えるよりも、**「役柄を変える」**と思わないとできないんだよ。

いいかい、よく考えてよ。

今までのあなたの人生が上手くいかないのは、〝人生が上手くいかない話し方〟をする役柄になっちゃってるからなんだよ。

もうあなたのイメージが、人からも自分の中でもできちゃってるの（笑）。

だから、いいかい、**自分を俳優だと思ってごらん。**

神さまという監督がいて、たとえばあなたが人生が上手くいくコンビニの店員をやるとしたら、〝日本一感じがよくて、明るく楽しい話し方をする店員なんだ〟という役作りをしないと、絶対にできないよ。

それから、会話を相手と自分だけだと思うと、言葉は変えられないんだ。

なんでかというと、相手がトゲのあることを言うと、自分もトゲのある言葉で返すというように、日常会話が成り立っているんだよな。

それを、「自分は、相手がどんなにトゲのある言葉を言っても、そういうトゲのある言葉を言わないという役柄なんだ」と思わないと、つい頭にきちゃうんだよね。

それで、頭にくるから言い返す。

言葉というのは心から出るものだから、心や自分の役柄やイメージを変えるんだというつもりにならないと、言葉だけを変えることはできないよ。

言葉が変わると、この世の中のすべての出来事や自分の人生が変わってしまうぐらい、変わっちゃうんだ。

今までは、この人にこう言えばこう返ってくるというように、パターンが決まっていたんだよ。それを自分が返す言葉を違う言葉に変えたとき、相手は「あれ？」と思う。**あなたの言うことが変われば、世間の見る目も変わる。そこで初めて運勢が変わるんだよね。**

たとえば、相手が毒のある言葉を次々言ってきても、自分は絶対に言わない。

オレに「金持ちって感じの悪い人が多いよね」と言う人がいたら、その人に自分も同じような毒のある言葉を返したり、倍返しをしたりすると、自分の運勢がたちまち悪くなる。

それを、「それは感じの悪い人がお金持ちになっただけだよ（笑）。お金持ちだって、いい人はいっぱいいるよ」とか、「オレも人よりお金を持つようになったから気をつけているんだ」とか、自分は受け流して、いい言葉を返す。わかるかい？

「相手が言った毒のある言葉にキレイな言葉で返すという、神さまが出してくれたゲームなんだ。自分はそういう役柄なんだ」と思わないとできないんだよ。

言葉を変えるってものすごく大変なことだよね。

自分の言葉に絶対に毒を入れないつもりでも、入っちゃうんだよ。習慣というのは、そういうもの。

だから、やりがいがあって、効果絶大なの。

そのことを理解していないと、結局、この本を読んで学んだことが何もできなくなっちゃうんだよな。

最初はできなくてもいいよ。でも、そこで落ち込むんじゃなくて、次は気をつけよう、次は気をつけようとやっているうちに、一日に一〇〇個、毒のある言葉を言っていたのが、九九になり、九八になるというように、一個ずつ減ってくるんだよね。五〇ぐらいに減ったときには、人の見る目が変わる。

よく、人を傷つけるようなことを言っているのに、「根はいい人なんだけど」と言ったりする。根がいい人はそういうことをしないんだよ（笑）。

そういうおかしい人とは付き合わない。運勢が悪くなるから、できるだけ逃げるようにしたほうがいい。

そういう人に会っても、自分は絶対にやらない。それが、大切。

そのつもりでも、やってしまうのがクセ。だけど、絶対にやらないつもりでいたら、少しずつ変われるんだよ。

一人さんの
ここが
POINT

言うことが変われば、世間の見る目が変わり、世間の見る目が変われば、運勢も変わる！

声のトーンを上げると気持ちも上がる

言葉には言霊というのがあるけれど、言葉以前には音霊《おとだま》なんだよ。

つまり、**〝声のトーン〟**なの。

たとえば、塾の先生が、保護者に言われたことで落ち込んでしまっているとするよな。そのときに、暗くて低いトーンで「先生は今日落ち込んでいるんだよ（↓）」と言うと、生徒にも落ち込んでいるのがわかるよね。ところが、元気よく明るい声のトーンで「先生は落ち込んでいるぞ！（↑）」と言ったらどうだい？ 元気いっぱいで、落ち込んでいるようには見えないよな（笑）。

つまり、言葉の問題じゃなくて、発せられる声のトーン、音霊なんだよ。

いくら、「ツイてる」という天国言葉を言っても、暗い顔でボソボソ言うと、幽霊でも憑《つ》いてるみたいだろ？（笑）

もちろん、言葉もいいに越したことはないけれど、トーンってすごく大切だよな。

そのことがわかっていると、落ち込んでいるのをどうやって直そうじゃなくて、言葉のトーンだけは上げようとする。「落ち込んでるぞ！（↑）」と元気よく落ち込んでいると、元気が出てくるんだよ。「落ち込んでるぞ！（↑）　落ち込んでるぞ！（↑）　落ち込んでるぞ！（↑）……」と明るく元気に一〇回言ってみな。「じゃあ、いっちょ仕事でもするか」となるよ（笑）。

トーンを上げるとスピードも上がってくる。そうすると、気持ちもどんどん上がってくるから、切り替えも速くなるよ。

話す言葉も大切だけど、発する声のトーンって、その人の明るいとか、元気な印象に直接つながる、大切なことだよな。

一人さんの
ここが
POINT

気持ちを高める明るいトーンの声を出す！

目を逸《そ》らさず、眉間を見てごらん

相手が強い人とか上司だと、目を合わせられないという人もいるよな。

そういう気の弱い人に、いくら「目線を合わせなさい」と言ってもムリなの。

相手の目を見ちゃダメなんだよ。

では、目線はどうすればいいかっていうと、**相手の眉間を見る。**

眉間を優しくほほえみながら見ていると、絶対に平気なの。

剣道の達人でもなんでも、強い人に会うと目を逸らしてしまう。その瞬間に、斬られちゃうの。だから、本当は、目を逸らさないのがいいんだよ。

でも、じっと見つめることができないなら、まず、相手の眉間を優しい目で見る。

それに慣れてくると、自然と相手の目を見られるようになるから大丈夫だよ。

一人さんのここがPOINT

話し方を変えるには目線から変える！

聞き上手は〝聞き出し上手〟

よく、話が上手くなるためには、〝聞き上手〟になればいいといわれているよな。

だけど、聞き上手になるには、「ただ聞いていればいい」と思っていないかい？

いいかい？　聞き上手とは、〝聞き出し上手〟なんだよ。

つまり、誘導の仕方なんだ。

たとえば、出版社の人に会ったら、出版のことを聞く。

「いま人気のある本はどんな本ですか？」「売れ続けている著者の方は、どういうところが違いますか？」とか、相手の得意なことを聞けば、話してくれるんだよ。

自分で会社を起こした社長なら、「どういう経緯で会社を作られたのですか?」「どうやって成功したのですか?」とか。

お年寄りの人なら、「戦時中はどんな感じだったのですか?」とか。

自分以外の他人というのは、オレたちが知らない体験を山ほど持っているんだよ。「なるほど」というような、タメになる話がいっぱいあるんだよな。宝の山なんだよ。

だけど、石油と同じで、勝手に湧き出るわけじゃないんだよ。掘らないと出てこないの。

自ら話さないというよりは、何を語っていいかわからない人が多いんだよ。

オレは人間が大好きなんだよ。人間に興味があるから、どこに行ってもその場所で会った人と話す。

知床《しれとこ》を旅行して漁師さんに出会ったら、「どんな魚が釣れるの?」「海が凍ったときは何をしているの?」「どうやって彼女を見つけるの?(笑)」とか、すごく興味があるから尋ねるの。

その人たちにとっては日常だから、おもしろい話だと思っていないけれど、オレたちにとってはオホーツクの氷の海に出ていく話は、すごくおもしろいんだよな。

そのとき、漁師さんにわからないようなことを聞いちゃダメなんだよ。

そのことがわかったら、この人は何が得意な話なんだろう？　どんな業界なんだろう？ということを考えて質問すればいい。

その人の得意なことを聞いてあげると、話が弾んでくる。

「子どもが学校に行かないんですけど、どうしたらいいですか？」なんて、オレに聞くなよな。だってオレも行かなかったんだから（笑）。

どうせオレに聞くなら、学校に行かないでも成功する方法を聞けばいいんだよ。

聞き出し上手になれば、誰でもその人しかできない、いい話がある。それを聞き出せる。

神さまが作ってくれた人生のドラマというものがあるんだよ。

だから、誰でも一冊は本を書けるの。

近所を歩いている普通のおばあさんでも、子どもを育てた、戦争を越えてきたといった波乱万丈の物語があるんだよ。

それを聞き出してあげれば、いくらでも話すんだよね。で、話が尽きないから、「あんた、オモシロい人だね。家にごはんを食べにおいで」と誘われる（笑）。

やっぱり人というのは自分に興味を持ってくれる人が好きなの。

オレが自然に好かれるのは、普通のおばあちゃんを見ても、当人すら気がついていないスゴい経験を積み、素晴らしいドラマを持った女性に見えるからなんだ。

そういう気持ちで話しているから、相手も好意を受け止めてくれるんだと思うんだよね。そうすれば人間関係も上手くいくよな。

聞き上手はただ聞いているだけじゃない。聞き出し上手なんだよ。

一人さんの
ここが
POINT

相手が得意なことを聞けば、話は尽きないほど盛り上がる！

目的に向かうことは楽しい

相手の話を聞くコツって、簡単だよ。

自分が話す立場になって考えたとき、「どういう態度だったら、話しやすいだろうか？」と考えたらわかるんだよ。

やっぱり聞いてくれる人が笑顔のほうが話しやすいし、あいづちもいいタイミングで「ああ、なるほどね」と打ってくれたほうが話しやすい。

そう思ったら、人を傷つけたり、イヤな思いをさせたりというのは、マイナス点なんだよな。で、それをやらなくなると、やっと、プラスマイナス、ゼロ点になる。

物事が上手くなる階段というのは上には上があって、〝いま自分がどこにいるか〟、それがわかればいいんだよ。

いま自分が、笑顔もできないのだとしたら、会話をしている間、ほほえみながら聞くようにするとか、あいづちを打てないならあいづちを打つようにするとか。

要は、今よりも一歩階段を上がればいいんだよ。で、限界はない。

ここまでできたら、もう自分は名人だと思うかもしれないけど、それは下手な人から見た名人なの。名人同士から見たら、まだ上がある。

同じように、「地獄に底なし」といって、下には下があってキリがないんだよ。

「いま自分はどこの段階にいるのか？」と自ら見極めて、一段だけ階段を上がることを考える。できたらもう一段、もう一段と上がる。

それが、人生の楽しみなんだよ。

一段上がることをツラく考える人がいるけど、あなたはお金持ちになりたいんだよな？

一万円貯めたら、一万円お金持ちになる。もうお金持ちに向かってるんだよ。

目的に向かうことが、なぜ苦しくてツラいのかい？

オレは青森に行くのが大好きだけど、北に向かっているだけで楽しいんだよ。

途中でラーメンを食べようが、景色を見ようが、北に向かっているだけで楽しい。

もし、途中がイヤなんだとしたら、本当はやりたくないんだよ。

そんなにツラいなら、やめたほうがいい。

本来、目的に向かうことがツラいわけがないんだよ。

だから、お金持ちになりたい人は、お金持ちになりたいと本気で思ったら、半分叶ったようなものなんだよ。

あとは一万円ずつでも貯めはじめればいい。

結局、競争相手は自分しかいないんだよ。

高校野球で甲子園に行きたい人は、素振りを何本振っていても楽しいの。サッカー選手になりたい人はどれだけボールを蹴っていても楽しいし、ボールを抱いて寝たいぐらい幸せなんだよ。

夢に向かうことがどうしてツラいのか、オレにはわからない。

会話も上手になりたいなら、一個ずつやれば楽しいはずなの。

本まで買ったのに、一個もやらないでやめちゃうのだとしたら、本当は会話が上手くなりたくないんだよな。

あなたが本当にやりたいことをやりな。それが、あなたの幸せなんだからさ。

オレは、あなたに、どんな方法でもいいから、幸せになって欲しいんだよ。
ただ、それだけだよ。

一人さんの
ここが
POINT

一つずつ一つずつ、
会話が上手くなることを、楽しむ!

もっと欲を張っていいんだよ

人が望んだことは全部叶うんだよ。

この本を読んでいるということは、おそらく〝人生の成功者〟になりたいんだよね。人に好かれて、お金を持っていて、まわりから相談されたり、尊敬されたりしたら、幸せだよな。そういう人生を歩みたいんだよな。

あなたが「フランス料理のコックになりたい」と思ったら、フランス料理店に勤めて、鍋を振って働くんだ。そうすると、十年も経てば、まちがいなくフランス料理のコックさんになっているんだよ。

それは「なりたい」と思って鍋を振っていたからなったんだよな?

お金持ちになりたいと思った人が一万円ずつでも積み立てれば、絶対に、お金持ちになるんだよ。

思ったことを叶えるためにちゃんと行動していないから、ならないんだよ。

当然、やるべきことをやっていたら、なるに決まってるんだよ。

フランス料理は一流になっても、お金は持っていない。

それは、お金持ちになろうとしなかったからなの。

だったら、一度に二つやればいいんだよ。

フランス料理のコックにもなり、一万円ずつ貯めたっていいんだよ。コックさんが一万円ずつ貯めちゃいけないという法律はないんだよな(笑)。


もっと欲を張りなよ。

「お金さえあればいいんだ」って、それ本当ですか?

お金があった上に、人から好かれたほうがいいよな？ 愛されたほうがいい、会話が楽しいほうがいい、モテたほうがいい、ステキなほうがいい、若く見えるほうがいい（笑）、いいことっていくらでもあるんだよね。

普通の人は〝お金持ちになると、人が機嫌をとってくれる〟と思っているんだよ。

でも、それだと人が機嫌をとってくれなければ、機嫌が悪くなってつまらない人生になってしまう。

オレは自分の機嫌を自分でとれるから、毎日楽しくてしょうがないんだよ。

だってオレは幸せな人生を送りたいんだもん。

お金持ちで、幸せで、人に好かれて、女性に好かれて生きていきたいの（笑）。

あなたも目的に向かって前進したらどうだい？

一人さんのここがPOINT

あれもこれもと欲張ってみる！

やらない人が多いから、やった人に価値が出る

講演会でも、すごく怖い顔をして聞いている人がいるんだよ。

ところが、そういう人に限って、終わると「スゴくよかったです！」「感動しました！」って言いに来てくれるんだよ（笑）。

ザンネンだよな。感動している顔が怒っているようにしか見えないんだよ（笑）。

人に好かれたいのに、人から見て、おっかない顔をしているっておかしいと思わないかい？　それより、それって、もったいないよな。

漫才を見て笑っているということは、何がおもしろいか知っているんだよね。

笑っているんだから、感性がないんじゃないんだよ。

「どうやったらおもしろく話せるかわからない」って言うけど、本当はわかっているんだよな。

わかっていることすらやらない。それって、怠《なま》け心だよな。

成功や幸せは、本当は、人間が、当然そうなるべきものなんだよ。

ただ、当然やるべきことをやっていないから、幸せにもなれない、成功もしないんだよ。

相手が話しやすいように笑顔で聞く、あいづちを打つ、これって、話す人へのマナーだし、もしかすると常識だよな。

そんな当然のこともできないで、成功も幸せもないよな。

おそらく、この本を一〇〇回ぐらい読んでみると、当たり前のことしか書いていないということがわかるんだよ。当たり前のことをやれなかっただけの問題なの。

オレたちは何の努力をしているのかというと、〝当たり前になる努力〟。

当たり前のことをできない人が多いから、できる人に価値が出るんだよな。

この本を買っても、おそらく読んだだけでやらない人がほとんどなの。

だから、やった人に価値がある。

話し方を変えたいと思っても、ちょっとやそっとの気持ちじゃできないよ。

その代わり、やった人にはスゴい効果があるんだよ。

一人さんのここがPOINT

当たり前になる努力をしよう！

感動を呼ぶのは話の上手さより〝思い〟

話の上手い人の話し方を「立て板に水」というけれど、よどみのない上手い話に、人は感動するわけじゃないんだよ。

感動を呼ぶのは、その人の〝思い〟なの。

たとえば、テレビに出て何か話してと言われても、普通の人はしゃべれないよな。ところが、子どもが難病のご両親がテレビに出て、「子どもを助けたいんです。みなさんご協力お願いします」と涙ながらに、ノドをつまらせながらもしゃべる。すると、そういう言葉って感動するんだよな。

結婚式でお父さんが、「娘をよろしくお願いします」と、トツトツと話すのだって、心から感動するんだよな。

だから、言葉というのは話術ではないんだよ。その人の心がキレイで、思いが伝わるような言葉だったら、感動するんだよ。上手い下手は関係ない。心の問題だよな。

この本を読んでせっかく会話が上手くなって、どんなに流暢《りゅうちょう》にしゃべれるようになっても、嫌われるようなことを言っていたら、ダイナシだよな。

だから、上手く話せるのと、人から好かれるのは別だよ。

ペットが死ぬと落ち込んじゃう人がいるんだよ。

ペットって、ただ、ひたすらかわいいんだよね。

それは、ペットたちの〝言葉〟には、毒がないからなんだよね。

犬や猫とは会話なんか成立しなくったっていい。毒さえなければ、言葉なんて通じなくてもあれだけ仲良くできるんだよな。

だから、話すことのできるオレたちは、ステキな言葉をしゃべらなきゃダメだよ。

一人さんのここがPOINT

会話はテクニックよりも、心のこもった一言を大切にする！

人生は、問題を乗り越えるゲームだよ

オレは間違ったことを言うこともあるし、人間は完璧ではないから上手くいかないこともある。だけど、仕事をしていると、ゆるされることがいっぱいあるんだよ。

オレが仕事もしないで、「女性が好きだ」と言っているとまずいんだよ（笑）。

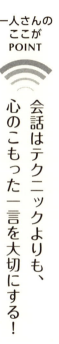

人間って、億万長者でも世界一の大金持ちでも仕事をしているんだよな。

ということは、仕事って楽しいんだよ。

仕事を味方にするの。

「仕事が嫌い」と言って仕事を敵に回す人って、一日、八時間から九時間、イヤなことをして生きていかなきゃならないんだよな。

つまり、起きているうちの半分くらいは、イヤな思いをしているんだよ。

そうすると、飲みに行ってても、イヤな気分になっちゃうんだよな。

それが、仕事を友達にすると、すごいかわいがっていた猫が死んで落ち込んでいても、仕事をしていたら、その悲しみが紛れるんだよ。

だから、仕事って、本当にありがたいものなんだよ。


「部長があぁで、こうで……」とかって、イヤなヤツなんていくらでも出てくる。

それをクリアするのが〝ゲーム〟なんだよ。

サッカーでもなんでもそうだけど、こちらがボールをゴールに入れようとすると、邪魔をする人がいるからおもしろいんだよ。

「好きなだけボールを入れていい」と言われたって、盛り上がらないよな（笑）。

それより、いろんな難問が出てきて、それをどうやってクリアしようか、ああしようこうしようって試行錯誤する、それがゲームなんだよ。

人生ってゲームだよ。

何かしら全員に問題があるんだよ。

あなたにだけあるんじゃない。

そこをクリアしたら上に行くように、みんなそうなってるの。

「一人さんにはイヤなことないでしょ」って、よく言われるけど、そんなワケないよ（笑）。山ほどあるの。だけど、全部それをクリアして、笑って生きているの。

オレが浮気すればヤキモチやかれるし（笑）、誰にでも起きることが、オレにだっていくらでも起きるの。そこをどうやって見つからないようにするのかと（笑）、どうクリアするかだよ。

なんでもそう。だから、ツラい、苦しいは誰でも同じ。

その中で、どうやって笑って生きるかというだけの問題。

人より余分なことをすれば、余分に負担がかかるのは当たり前なんだよ。

社長業というのは普通の人より尊敬され、お給料も多いの。

だから、大変なのは当たり前なの。

「社長業は大変なんだ」って、当たり前のことを言っちゃダメなの。みっともないから言わない。笑って乗り越えればいいの。

神さまはオレに問題をくれるの。あなたにはあなたの問題をくれるの。

自分に起きた問題は特殊だと思いがちだけど、特殊な問題なんてないの。

あなたに起きた問題は大勢に起きている。

もし、あなたが一万人に一人の病気にかかったとするよな。

特別な病気だと思うだろ？

ところが、日本には一億二〇〇〇万人いる。ということは、一万二〇〇〇人同じ病気の人がいるんだよ。別に特殊なわけじゃない。で、必ず、それを乗り越えた人がいるんだよ。

だから、神は乗り越えられない問題は出さない。

要するに抜け道のない問題はないんだよ。

だから、インターネットなんかでそういう病気が治った人のことを調べてみると、ヨガをやったら治ったとか、断食したら治ったとか、絶対に治療法がある。

お医者さんもがんばってるんだよ。でも、お医者さんだけを頼るんじゃなくて、自分で乗り越える方法を見つけたらいいんだよ。だって、必ず、そのことを乗り越えた人がいるはずなんだから。

どんな問題も必ず上手くいった人がいるんだよ。

オレにはオレの問題が起きる。だけど、乗り越えられない問題は一つもないんだよ。あなたにはあなたの問題が起きる。あなたにとっては初めてのことで特殊に思うけど、人類が始まってから、同じ問題に悩んでいる人がいっぱいいる。

それを乗り越えた人は絶対いるんだよ。

一人も乗り越えた人がいないとするよな。

それでもあきらめない。なぜなら、オレが乗り越えるんだよ。あなたが乗り越えるんだよ。

だから、必ず乗り越えられるの。

この前、お金の話をしていたときに、「お金持ちになると、おっかなくて外に出られない人とか、恐怖にかられちゃう人がいる」って言っている人がいたの。

お金持ちになるっていうことも、一つの問題なんだよ。

でも、その人はお金持ちになったんだよな。ってことは、まず一つめの問題は解決したんだよ。でも、恐怖にかられちゃうという、もう一つの問題が出た。

だけど、お金持ちでもオレみたいに、どこでも平気で出歩いている人もいる。

つまり、何が言いたいのかというと、人は若かろうが年だろうが、寿命が来るまでは、絶対に死なないんだよ。

オレが強盗にあって殺されたら、強盗に殺されたんじゃない、そこで死ぬ寿命なの。

だから、お金持ちになって恐れが出ているなら、乗り越えればいいんだよな。

問題は悩むためにあるんじゃない。解決するためにあるんだよ。

次の問題、次の問題と出てくるよ。それを笑いながら解決するの。

みんな解決しようとしないで悩んでいる。悩んでいるということは、堂々めぐりをしているんだよ。

「一人さんの言っていることは正しいんですか?」って? 正しいかどうかは知らないよ(笑)。

だけど、お金持ちになったからといって、恐れながら生きている人より、オレのほうが幸せだと、オレは思ってるんだよ。

オレは心で心の問題を乗り越えている。病気なら病気を乗り越える何かが必ずある。

オレは神さまを信じているから、神さまが抜け道のないことをやったらいじめだから、必ず乗り越える方法があると信じている。

オレたちは、知恵と心の持ち方で問題を解決できるようにできているんだよ。

知恵というのはあきらめからは出ないんだよ。
必ず抜け道がある。
自分をいいほう、光のほうへ連れていってくれる道が必ずある。
そういう気持ちでいると、誰でも、見つかるんだよ。

一人さんのここがPOINT

どんな問題も、神さまが出したゲーム!!
あきらめたり、悩みすぎたりしない!

「結論」を先に言うクセをつけよう

自分の意見を伝えたいときは、意見ではなくて〝**大見出し**〟を先に言うんだよ。

新聞や週刊誌に、『熱愛発覚』とかって大見出しに書いてあるだろ？　そうすると、芸能人の誰かが、交際してるのが見つかっちゃったんだなって、最初に思うんだよ。

それから、「女優の○○さんと俳優の△△さんが、昨日の夜、食事しているのを……」と詳細を伝える。会話でも、肝心なことを先に言えばいいの。

「仕事のことでおうかがいしたいことがあるんです」とか、「ここのところが上手くいかないので、お聞きしたいんです」と、まず言う。

要するに、肝心なことを先に言わないから、「何を言いたいのかがわからない」と思われちゃうんだよな。

テレビの見出しだろうが、週刊誌の見出しだろうが、相手へのつかみというのが必要なんだよ。最初に、何が言いたいのかを伝える。

「実は東北のほうに旅行に行きたいんですけど、どこかいいところはありませんか？」と言えば、何を聞きたいのか明確にわかるよな。

最初にそれを話してから、だんだん細かくするんだよ。これはマナーなの。

この前、「子どものころ、学校の帰りに雪が降ってきて……」と話す人がいて、何を言っているんだろう？と思って、ず～っと最後まで聞いていたの。

そうしたら、肥溜《こえだ》めに落っこちたという話だった。肥溜めに落ちるまでに、三十分かかっているんだよ（笑）。それじゃあ、オモシロい話も、オモシロくなくなっちゃうんだよな。

結論が先で、あとから、解説なんだよ。

なんでも見出しとなるつかみがないとダメなの。

見出しで内容がわかって、それに対しての付随説明をする。

会社であろうがなんであろうが、たとえば、「パンクしない自転車のタイヤを作ろうと思っているんです」。これが大見出し。「それにはこうしたらいいと思っています」これが付随説明。というように、結論を先に言って、それに対して付け加えて話をする。

大見出しが、結論じゃなきゃダメなんだよ。

このクセさえつけたら、誰でもできるよ。

普通の人は結論が最後だと思っちゃうんだよ。

『おしん』というテレビドラマがあっただろう？　あれはおしんの回想から始まるんだよ。最後にはおしんが女社長になる。いくら苦労しようが、いじめられようが見ていられるのは、やがて女社長になるすごい人の出世ストーリーだと知っているからだよ。

それを最初に伝えないでずっといじめられていたら、苦しすぎて見ていられない。だから、最初に「この話はハッピーエンドですよ」という話の回想から始まるんだよ。

肥溜めに落ちた話も、「雪の日に肥溜めに落っこちちゃってさ～。その日、学校に行くときから雪が降っていて……」と話せば、結論がわかっているから、聞いていられる。オレは話に興味があるし、人間に興味があるから、三十分でも、結構ガマン強く聞いていられるんだよ（笑）。

でも、普通の人は、何が言いたいかわからない話は、途中であきちゃうよ。

ただ、そういう丁寧に説明をしちゃう人って、たいていみんなすごい真面目で、本当にいい人なんだよ。

なのに、オモシロくない人だって思われたら、もったいないよな。

だから、話し方を意識して変えたほうがいいよな。

その人はオレの話をすごく聞きたがるんだよ。ということは、オレの話はオモシロくて楽しいから聞きたい。

でも、話を聞いていて満足しているだけじゃダメなんだよ。学んだら、行動して成長しないといけない。

オレたちは行動しないことはツラくなるようにできているんだよ。神の摂理なの。

お金を一万円でも貯め出すと楽しくなる。笑顔一つでも練習して上手くなると、楽しくなる。話し方一つでも変えたりすると、楽しくなる。

少しでも行動すると楽しくなるように、できてるんだ。

そして、行動すると、運勢がよくなるように、オレたち人間ってできてるんだ。

この星は〝行動の星〟なんだよ。本を読むだけでは、行動ではないんだよ。

空手を覚えたかったら、通信教育で八年空手を勉強するよりも、一カ月でいいから、空手道場に通ったほうがいいよな（笑）。

知識が要《い》らないんじゃないんだよ、心得は要るの。

だけど、最後は実際に行動しなきゃダメなんだよ。

水泳が上手くなりたいといって、いくら本を読んでも水泳は上手くならない（笑）。水の中に入って実際に試さないとダメだよな。わかったかい？

一人さんのここがPOINT

会話の最低限のマナー!!
結論から始めて、内容を解説していく！

上手く話そうとしなくていいよ、図々しくなりな（笑）

目上の人と話すとき、緊張しないで平然としていられるようになるには、〝慣れ〟しかないいんだよ。

オレみたいに最初から緊張しない人もいるの。

なぜかというと、オレは「人はみんな平等だ」と思っているから。

十六歳のときに社会に出てたくさん偉い人を見てきたけど、偉い人は偉いんじゃないの。オレより先に走っていただけ。オレもその年になれば、その人を抜いていると思ってる。

それに、人間というのは立場は人それぞれ違うけれど、人間的に何か違うものがあるわけじゃないいんだよ。だって、その人だけ、目が四つありますとか、そんな人いないだろう？（笑）

みんな同じなんだよ。

で、オレはもともとそういうふうに考えるように、生まれついちゃってるから、誰にも引け目を感じないし、威張る必要もないと思ってる。

もし、あなたが人前であがってしまうんだとしたら、あがり症だからといって治す必要はないの。**治すんじゃなくて、慣らせばいい。**

カラオケでもなんでもいつも歌っていると、だんだんあがらずに歌えるようになるんだよ。でも、歌は、上手くはならないよ（笑）。ただ、人前で歌うことに慣れて、図々しくなるだけ（笑）。

だけど、どんなに歌が下手でも、そのことでイジケてる人よりも、堂々と歌って楽しんでる人のほうがいいよな。

だから、上司と話すときだろうがなんだろうが、**上手くやろうとするんじゃないの。**

図々しくなればいい。堂々としていればいいんだよ。

だって、相手はそんなに期待していないんだから（笑）。

自分ができることを、一生懸命やっていたら、だんだん図々しくなってくるの。

一〇〇回やればだいたい慣れる。人間というのは慣れの生き物なの。

朝早く起きることが苦手な人は、最初は早く起きることはツラいと感じるかもしれないけれど、夜早く寝て朝早く起きることを三日、一週間と続けていけば、そのうち早く起きることなんてツラいことじゃなくなるの。むしろ、朝早く起きたら、朝ごはんもしっかり食べられるし、会社にも遅刻しなくなって、一日がゆったりと充実するようになる。

初めてやることを上手くやろうなんて、ハードルが高すぎるんだよ。

会社で意見を言うとき、震えながらでも言えれば最高点なんだよ。そのうち慣れてくればできるようになる。

普段でも話すことが苦手な人が結婚式でスピーチをするとき、上手く話そうなんて思ってもできるわけない。無理なの。原稿を書いた紙を持って読もうが何しようが、ガタガタ震えながらやればいいの。それでも一〇〇点なの。やれたことがすごいの。声を出せただけですごいの。

で、あとは、図々しくなる（笑）。

オレは神さまを信じているんだけど、たとえば、猿田彦《さるたひこ》様は開運の神さまだから、拝んでいると開運のほうに向かうの。そうすると運勢もオレのほうに向かってくるから、すごい速さで開運する。

この話を聞いたときに、「なぜそうなるか？」を考えちゃダメなの。人は利口すぎちゃダメなんだよ。で、バカすぎでもダメなの（笑）。わかるかな？

慣れも同じで、「なぜ人は慣れるのか？」とか考えちゃダメ。

理屈じゃないんだよ、慣れるんだよ。

知ってるかい？　神さまを信じない人は、最高責任者は自分だということになってしまう。

そうすると、お金を持ったら威張ってもいい、ちょっとくらい悪いことをしたって、何をしたっていいんだと思ってしまう。

ところが、「こんなことをしていると罰が当たるぞ」「そんなことしたら地獄へ落ちるぞ」とか、神さまがいると思っていると、そういうことはしないんだよ。

要するに、最高責任者は自分ではなくて、もっと偉い人がいる。そう思うと、そういう悪いことをしないもんなんだよ。

神さまを信じている人というのは、とてつもない人がいることを知っているんだよ。そうするといつでもどんなときでも、何があっても、謙虚に生きられる。

それって大切だよな。

一人さんのここがPOINT

話し方を直すのではなく、話すことに慣れる！

自分の機嫌をとれば、いつでも楽しい話ができる！

あなたがイヤなことを言われたとするよな。だからといって、あなたもイヤなことを言っちゃダメなんだよ。

唐辛子の種をまくと、唐辛子が生える。ピーマンの種をまくと、ピーマンが生えるんだよ。自分が日ごろ何をまいているかが、重要なんだよ。

それで、必ず、それを刈り取る時期が来るの。

オレはいつも楽しさをまいて、みんなの役に立つことをまいているんだよ。

イヤなことを言われたからといって、こっちもイヤな種をまこうなんていうことをしないいんだよ。オレはいつでもいい種をまくの。

それで、唐辛子の種をまいた人は、自分で唐辛子を刈り取るように、イヤな種をまいた人は、イヤな出来事を、必ず、自分で刈り取るんだよ。

悪口を言われてオレにできることは、オレが言わない、ただそれだけ。

オレが悪口を言われたからといって、そいつの悪口を言うと、そいつと抱き合って地獄に落っこちていかなきゃならないの。オレはそのイヤなヤツと抱き合いたくない（笑）。

オレだけでも幸せになると、地球上で一人、不幸な人間が減ったことは、まちがいないんだよ。

神さまが喜ぶ生き方って、自分がまずいちばんに幸せになること。
それができたら、一人でもいいからそのやり方を、まわりのみんなに教えなさいということ。

そうやって、自分ができることを教えていると、それが本になって出ることもあるんだよ。そして、その本が何万人にも広がることがある。

大切なのは、今、自分ができる〝目の前のこと〟をやること。

それから、自分で自分の機嫌をとれない人は絶対に幸せになれないの。
オレがいつも機嫌がいいのは、オレはオレの機嫌をとれるから。だから、毎日楽しいの。いつでも楽しいから、いつでも楽しい話ができるの。

どんな質問にも一瞬で答えられる。
なぜかっていうと、子どものときからいつでも幸せを考えているから。

たとえば、「図書館の設計図を描いてください」と言われて、一瞬で描ける人は、何十年も図書館のことを研究しているんだよ。「一カ月、時間をください」という人は、一カ月しか考えてない。一瞬でできる人間というのは、頭の中に、何十年もの経験があるんだよ。

オレはずっとこうやって幸せを考えて生きているんだよね。

だから、聞かれたことで答えられないことはないんだよ。

でも、オレの答えは〝最高〟じゃないんだよ。人間というのはもっと上があるんだよ。そのことを忘れちゃうと、自分が一番上だと思ってしまうけどそうじゃない。

今のオレにとっての最高の答えなんだよ。でも、もっと素晴らしい答えがあるんだよ。

だから、五年後に聞かれたら、もっと素晴らしいことを答えられる。一年後でも、半年後でも、明日でも、もっといい答えを出せる。

成長するってそういうことだよな。

一人さんのここがPOINT

相手のせいにして不機嫌にならない！

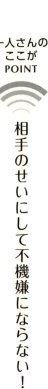

落ち込むのは進歩しているから!!

「なんであんな言い方をしちゃったんだろう」と落ち込むことがあるよな。

それって、進歩なの。なぜかというと、勉強していなかったらそのことにすら気づかないだろ?

「言っちゃいけないことを、今日は言ってしまったな」と、思いっきり苦しむの。

なぜかというと、神が与えてくれた苦しみだから。

そのイヤな思いや苦しみがあるから、「あぁ、こういうことは言っちゃいけないんだな」とわかって、だんだん言わなくなってくる。

人に言われてグサッと胸に刺さることがあるよな。

血が流れたら、止めちゃいけないの。オレは、うんと流すの。

逆に、オレの言った一言で相手が血を流している場合だってある。

そんなときは、そのときの自分の痛みを思い出して、「あぁ、心ならずもああいうことを言っちゃったけど、感じ悪い思いをした人がいるんだな」「イヤな思いをした人がいるんだな」と反省すればいい。

反省しないで、「オレはこれでいいんだ」じゃないの。

心にグサッときたのは、心にグサッときた何かがある。そのことが気になって傷ついた経験があるなら、「こういうことをするのは、二度とやめよう」って、しみじみ思うの。

この痛みは絶対に必要なの。で、痛みを活かせないと、痛んだ意味さえなくなっちゃうの。

だから、相手は笑ってゆるしてくれたけど、「あのとき、あの言い方はいけなかったよな」と、二日苦しむときがある。

そうしたら、その二日間を半日に減らしちゃいけないの。二日間苦しまなきゃいけない。その苦しみを乗り越えると、次は絶対に言わないし、「相手にどんな言い方をすればいいんだろう?」って、真剣に考える。

すると、「このバカやろう!」と言っちゃって相手を傷つけたなら、次は「アホだな」と言いかえてみる（笑）。たったそれだけでも、ものすごい進歩なんだよ。

同じ言い方でも、ちょっと変えるだけで進歩だよな。

そのとき、もっと考えて、「アホだな」と言わなくて済むような、「知らないなら教えてあげるからな」とか、「わからないことがあったら聞けよ」とか、「あの言い方も間違っていないけど、こう言ったほうがいいぞ」とかに、変えてみる。

要は、オレたちは間違いだらけなんだよ。だけど、進歩する人間は自分の悪かったことを認めるよな。

「昨日までオレは本当に正しいと言い張ったけど、オレは間違っていた。よく考えたらそっちのほうが正しい」と言える人は進歩するよな。

で、間違いを認めるのはカッコ悪いと思っている人がいるけど、認めないヤツのほうがカッコ悪いよ。そういう人にはなりたくないよな。

だから、オレは本が売れようが、社長になろうが、間違っていることを認められる人間でいたい。間違いを認められる人間はいくらでも進歩する。

オレたちは成長するためにこの世に生まれてきているのであって、我を張りに来て

いるんじゃない。
どうせなら、カッコよく生きたいよな。

一人さんのここがPOINT

間違いはすぐに認める!

第1章

話し方を変えるだけで、人生は激変する！

お金持ちになる覚悟はできていますか？

あなたはどんなお金持ちになりたいと思って、この本を手にとってくれましたか？

「値札を見ないで気に入ったお洋服を好きなだけ買いたい！」

「好きなときに、好きなところへ旅行に行けるようなお金持ちになりたい！」

「フェラーリを毎年一台買えるようになりたい！」


はい、なれますよ!!

あなたのなりたいお金持ちに、必ずなれます!!


どのくらいのお金持ちになりたいかは、人それぞれだと思います。

でも、どのくらいのお金持ちになりたいかよりも、本当に大切なのは、

「お金持ちになる」という覚悟を決めることなのです。

何かやるとき、覚悟を決めてやらないとゼ〜ッタイに上手くいかないのです。

仲のいい、四十代のシングルマザーのAさんは、離婚してから一人さんの教えを知って五年ほどで年収が五〇〇万円も上がったそうです。今では、いつも自信に満ちたにこやかな表情で同じシングルマザーの悩みに明るく答えているAさん。

そんな彼女も、離婚して一人で子どもを育てることになったときは、子どものためにもっと稼がなきゃと思いながらも、「この先どうなるのだろう」と不安に思ったことが多かったそうです。

でも、「不安がっているだけでは何も変わらないし、やるだけやってみよう！」と覚悟を決めてグッと一歩踏み出したら、もうやるしかないと吹っ切れたと言います。

そして、一人さんの本を読んだりＣＤを聴いたりして、教えを一つずつやっていくと、みるみる出世してお給料も上がっていったそうです。

このご時世、年収五〇〇万円を稼ぐだけでスゴいといわれている中、ほんとうに素晴らしいですよね。

いま成功している人を見ると、自分とは違う世界の人に見えて、気後れしてしまうかもしれません。

でも、みんな同じなのです。

違うのは、〝覚悟〟を決めているかどうかだけ。

あなたはお金持ちになる覚悟はできましたか？

一人さんの
ここが
POINT

覚悟を決めて、不安を消そう！

お金は人が運んでくる

あなたはお金が歩いているところを見たことありますか？

私はいまだかつて一度も、お金が歩いているところを見たことがありません（笑）。

お金には足がはえていないので、歩くことはできませんから、ザッザッザッザッと列になって行進しながら、あなたのお家にやってくることは決してないのです（笑）。

お金は必ず人が運んできます。
だから、人から好かれない人、人間関係が上手くいかない人は、絶対にお金持ちにはなれないのです！

「でも、人から嫌われているお金持ちもいますよね？」

もしかしたら、悪いことをしたり、人からお金をだましとったり、人から嫌われているお金持ちも、いるのかもしれません。

ただ、それが長続きするかどうかはわかりませんよね。

一人さん流のお金持ちとは、**人から好かれることが大・大・大前提です！**

だから、長続きするのです。

では、人から好かれるにはどうすればいいのでしょうか？

一人さんはこんなことを教えてくれました。

「人気のある歌手が、ドームでコンサートを開くと、何万人も入るドームがいっぱいになっちゃうだろ？ということは、人間は人間が好きなんだよ。パンダよりも好きなの（笑）。

もともと人は、人が好きなようにできているの。

それなのにあなただけが嫌われているなら、表情とか、態度とか、何か好かれないことをしているんだよね。


人から好かれるには、嫌われないことだよな。

好かれることをするより、嫌われることをしないこと。


その中でも、人がイヤがる話をしないこと。人が傷つく話をしないこと。人の悪口を言わないこと。毒のある言葉をしゃべらないこと。それをまず徹底することだよ。

オレはお金持ちになったけど、威張ったことが一度もないから、お金持ちになっても嫌われたことがないんだよ。

人はお金持ちが嫌いなんじゃない。威張っているヤツが嫌いなんだよ。

本当は、ものすごいシンプルなことで、イヤなことをしなければ、〝いい人だよね〟って言われるんだよ。

お金を持っても威張らないなんて、本当はワケないんだよ。変えなきゃいいんだよ。だって、もともとはお金を持っていなかったんだから（笑）。

お金を持って性格が変わっちゃうのは、お金に負けているんだよ。自分の器量より大きいものを持つから、態度が変わっちゃう。

〝普通の人はお金持ちになると変わっちゃうんだ〟って言うんだけど、それは、その人が、それだけの器量じゃなかっただけなんだよ。

よく『一人さんは変わりませんね』って言われるけど、本当にいいものは変わらないんだよ（笑）」

あなたは人から嫌われても、石を投げられてもいいからお金持ちになりたいですか？（笑）

それとも、まわりの人から愛される本当に幸せなお金持ちになりたいですか？

一人さんのここがPOINT

人から好かれなければ、お金持ちにはなれない。そのためには、嫌われる言葉は、絶対に口にしないこと‼

言葉磨きは、人間関係をよくする最高の魔法

先の項目で、「お金は必ず人が運んでくる」というお話をさせてもらいました。
お金持ちになるためには、人間関係が上手くいくことが絶対に欠かせません。
では、人間関係が上手くいくためにはどうすればいいのでしょうか？

それはズバリ、〝言葉〟を磨くのです！

一人さんは、「人間関係は言葉のやりとりだよ」と教えてくれました。
「人から愛されている人を観察してごらん？　愛される人は、愛される言葉を使っているよ」

たしかに、たくさんの人から愛されている人をジッと観察してみると、話す言葉がとっても魅力的です。

掃除をしているおばさんを見ると、「いつも、ありがとね」と声をかけている。

道路工事をしているおじさんに、「お疲れさま、ありがとね」と労《ねぎら》っている。

私に会うといつも、「真由美ちゃんの笑顔は人の心を明るくするよ。真由美ちゃんに出会えて、オレはとても幸せだよ」なんて、涙が出るくらい温かい言葉をかけてくれる。

いつでもどんな人にでも、愛のある優しい言葉をかけている。

そう、私が観察した人は、一人さんです！

一人さんに一目会いたい、話を聞きたいと全国からたくさんのファンが集まってくるのは、話す言葉が魅力的だから!!

そんな一人さんがお金持ちなのは、当然の出来事ですよね。

〝言葉〟は、その人そのものです。

だって、傷つくようなことを言ってしまって、「ごめん、今のはナシにして」と言っても、吐き出してしまった言葉を取り消すことはできません。

人が傷つくようなことをつい言ってしまうのは、〝ついつい言ってしまう〟とかそんな問題ではなくって、相手への思いやりに欠けているのです。

話す言葉で人間関係が上手くいくこともあれば、ダメになることもある。だからこそ、魅力的な言葉が大切なのです。

言葉を魅力的にすると、たちどころに運勢がよくなります。

言葉が自分の運勢を左右していることに気づけたあなたは、最高にツイてます!!

一人さんの言う魅力的な言葉とは、
- 愛のある、明るい言葉♪
- 聞いていて、自分も相手も、うれしくなっちゃうような言葉♪
- さりげないけれど、思いやりのこもった言葉♪
- 思わず「ふふっ」と吹き出しちゃうような、ユーモアのある言葉♪
- 「よし、やるぞ!」と、やる気が満ちてくるような言葉♪
- 押し付けがましくなく、さわやかで心地よい言葉♪

こんな言葉を使えるようになったら、人からもお金からも愛されずにはいられませんよね！

言葉は一円もかからないプレゼントです！

最高のプレゼントを、相手に届けてあげましょう。

一人さんのここがPOINT

つねに、相手に素敵な言葉をプレゼントする！

会話で喜ばれると、神さまからご褒美をもらえる！

ＯＬさんなら、会社でお茶出しをしたり、コピーをとったり、書類を作成したり……、一生懸命働いているからお給料をもらうことができます。パン屋さんなら、朝早くからおいしいパンを焼いたり、さらにおいしいパンを研究して提供したりするから、お客さんが喜んで買ってくれて、お金をいただくことができるのです。

お金を稼ぐことは、人から喜ばれること。つまり、人から喜ばれた〝ご褒美〟なんです！


同じように、会話で人から喜ばれると、どうでしょう？

「ステキなスーツですね！」

「今日も笑顔がステキですね！」

「最近、キレイになったわね！」

こんなふうに人の気持ちを明るくし、喜ばれる言葉を口にするあなたを神さまがほうっておくはずはありません!!

専業主婦の人なら、旦那さんの笑顔が増えてお給料が上がったり、サラリーマンなら出世したり、自営業の人ならお客さんが増えて収入が増えたり。うれしいご褒美が必ずもらえます。

会話は、神さまが人間にだけ与えてくれた素晴らしい能力です。

その能力を使ってみんなをハッピーにしていたら、「よくがんばっているな」と神さまは必ずあなたにご褒美をくださいますよ。

この世の中のありとあらゆるモノを創り出したのは〝神さま〟です。

その神さまからしたら、あなたを億万長者にすることなんて、ワケないんですから（笑）。

一人さんのここがPOINT
会話で他人を喜ばせる！

みんなを褒めれば、おべっかではないですよ！

人を褒めることを〝おべっか〟だと言うザンネンな人がいます。

おべっかというのは、立場が上の人など気に入られるとトクだなと思う人だけを褒めるから、お世辞だとかごキゲンをとっていると思われてしまうのです。でも、みんなを同じように褒めていたらどうでしょう？

それはもう、おべっかではないですよね！

たとえば、会社の上司には「○○さん、今日もステキですね」と言ってキゲンをとっているのに、部下には「○○ちゃん、早くそれやってよ！」とか、「なんでそんなこともできないの！」とか偉そうに言っていたら、めちゃくちゃ感じ悪いですよね。

それでは、おべっか使いと思われるのは、当然です。

それよりも、上司にも「○○さん、今日もステキですね！」、部下にも「○○ちゃん、今日もがんばってるね！」といつでも誰でも褒めていたら、みんなに対して褒め言葉をかけるステキな人になれるんです。そんな人が嫌われるわけがありませんよね。

そうすると、大抜擢されて希望していた部署に異動したり、お給料が上がったり、他所《よそ》から来ていた役員が見初《みそ》めて「うちの息子の嫁に……」なんていう、シンデレラストーリーが待っているかもしれませんよ（笑）。

どのようないい形でお金持ちになることにつながるかはわかりませんが、人に対して、好かれる会話をすることが当たり前になったとき、悪いことが起きる可能性は間違いなくゼロです！

一人さんの
ここが
POINT

恥ずかしがったり、照れたりしてる場合ではありません（笑）
とにかく褒める！

ご褒美をちゃんと受け取ろう！

あなたがこの本に書いてあることの、何か一つでも試してみると、お金持ちになっているなんらかのステキなサインが必ずあります。

そのサインは、ちゃんと受け取ってくださいね。

よく、こういう人がいます。「いや、私には何の変化もないわ」。

本当にそうでしょうか？

たとえば、「あなたと話していると楽しいわ」とまわりの人から褒められたり、夫婦ゲンカをしなくなったり、友だちが増えたり、月給が五〇〇〇円上がったり、バイトの時給が一〇〇円上がったり。

あなたに届いているご褒美に〝敏感〟になってください。どんな小さなご褒美でも、それはあなたがお金持ちになるステップを一歩上がったというサインです。

それなのに、そのサインにちゃんと気がつかない人の特徴は、「私には何も変化が起こらないわ」と言って、最後には、努力することを全部やめてしまうことです。

そして何よりも、あまりに鈍感な人には、次からのご褒美が、本当に届かなくなります。

神さまに「プレゼントを届けても気がつかない上に、何も変わらないとか文句まで言ってるのか（苦笑）。なんと届けがいのない人だろう」と思われて、本当にご褒美が届かなくなってしまうんです。

小さなサインを見逃さず、受け取りながら進んでいくと、いつのまにかお客さんが増えたり、収入が何百万円も上がったり、出世したり、ステキな人に出会ったり、なんらかの形でお金持ちになっているんですよ。

いま起きているサインをちゃんと感謝して、受け取ってくださいね。

一人さんの
ここが
POINT

小さな変化を敏感にキャッチする！
その一つひとつがお金持ちへのステップ!!

第2章

お金に愛される話し方の基本

話し下手こそ、魅力UPの大チャンスです！

自分は話し下手だなと思っているあなた。あなたはものすごくラッキーです！

なぜなら、話し上手になれるチャンスがいっぱいあるっていうことだから。

「自分の話し方はせいぜい三〇点」と思っているなら、あと七〇点も上手になれるチャンスがあります。「私の話し方はマイナス三〇点」と思っているなら、むしろ一三〇点も上げ幅があるんですよ。

つまり、〝改良の余地〟がいっぱいあるっていうことです。

だから磨きがいがあるんです!!


人は何に魅力を感じるかというと、〝上げ幅〟に魅力を感じます。

その変化の大きさに、ステキだなと感じるのです。

ただし、三〇点が四〇点の話し方になっても、急に変化は感じられないと思います。でも、この本に書いてあることを何か一つずつでも試してみると、必ずなんらかの兆《きざ》しがあるはずです。

たとえば、飲み会に誘われる機会が増えたとか、仕事を頼まれることが増えたとか、褒められることが増えたとか。そんな兆しをしっかり感じながら話し方を磨けば磨くほど、あなたの魅力が増してお金持ちになっているはずです。

一人さんのここがPOINT

話し下手を悩む必要はない！あなたは、話し上手の原石です‼

まずは、上手に話すことをあきらめよう！

今では何百人ものみなさんの前でお話しする機会も増えてきた私ですが、最初に一人さんから、「これからみんなの前で話すようになるんだよ」と言われたとき、五、六人の前で立って話すだけでも緊張して、すっごくイヤでした（笑）。

正直、今でも好きじゃないですよ（笑）。本当ですよ！

だって、私は、一人さんみたいに上手に話すことはできないし、あんなふうに人の心を一瞬で、軽くすることはできませんから。

それでも、いっちょ前に、一人さんみたいに上手く話そうと思ってガンバっちゃうと、よけいに頭が真っ白になって、ひどいことになります（笑）。

カッコよくしゃべろうとすると、もう無様《ぶざま》なくらい、ひどい結果になります（笑）。


では、自分が上手にやるためには、どうしたらいいのか？

逆転の発想で、**「上手く話すことをあきらめよう」**と思いました。

「こう思われたらどうしよう……」「こう話せばカッコつくかな」とか考えることを一切やめて、できるだけ普通に話す。

たとえば、どんなに話すことが苦手な人でも、話しやすい相手が一人はいますよね。家族でも兄弟でも、飼っているネコでもいいのです（笑）。

その相手と話すときのように話せば、なんとかなるんです。

〝あきらめる〟とは、会話が上手くなるための努力を放棄するっていうことではなくて、自分のことを〝あきらかに眺める〟ということです。

とはいえ、慣れるまでは、カッコつけちゃうんですよね（笑）。私も、今でもまだちょっとカッコつけています（笑）。

でも、カッコつけてしまう分量が少しずつ減っていくと、自分らしい話し方ができるようになります。

そうすると、それと同時に、聞いてくださる人の心に、自分の伝えたいことが、ちゃんと届く、そんな話し方が少しずつできるようになっていきます。

だから、「カッコつけよう」なんて思っていたら、絶対に、ムリです。

一人さんの話はすごく自然体です。話す言葉も話し口調もとっても自然。

だから、一人さんの話は、心に染み入って、誰もが感動するのだと思います。

追伸です！ ここでの〝カッコつける〟というのは、上手くしゃべってみんなからスゴいと思われたいとか、上手く話せるように見せたくて、いつも使わない言葉を使ってしまうことをいいますよ。

話すこと以外の別の場面では、時にはカッコつけることも必要かもしれません。でも、話し方については〝等身大〟がいちばんです。

一人さんのここがPOINT

カッコつけずに自然体で話す！

自信なくていいですよ。自信マンマンのフリをしましょう！

講演会のあと、お客さんからこんなことを言われたことがあります。

「真由美さん、スゴいですね～！　あんなに大勢の前で堂々とお話しできるなんて。どうやったらそんなふうに自信を持って話せるんですか？」

と～んでもないっ！　前項目でもお話ししましたが、人さまの前でお話しするのは今でも緊張してしまうし、自信なんてこれっぽっちもありませんよ（笑）。

でも、一人さんから教わって心がけていることがあります。

それは、**〝自信マンマンのフリをする〟**ことです。

緊張でガチガチになっていた私に、一人さんはこんなふうに声をかけてくれました。

「いいかい、真由美ちゃん。

みんなの前で話すのも、商売を上手くやるのも、成功の秘訣はたった一つ。どんなに心の中では自信がなくてもいいから、自信マンマンのフリをするんだよ。

もっと言うと、人から見て自信があるように見えればそれでいいんだよ。そうやって回数をこなしているうちに、だんだん上手になっていくもんだよ。そうすると、ちょっとずつ自信がつくこともある（笑）。

だってさ、真由美ちゃんを手術する先生が、すごい自信なさそ〜うな顔をして、自信なさそうなことを言っていたら、どうだい？　絶対に手術して欲しくないだろう？手術やめて逃げ出したいよな（笑）。

話も同じなの。自信なさそうな人の話を聞きたい人なんていないよ（笑）。それって、上手く話せって、ことじゃないいんだよ。自信ありそうに見せればいいんだよ。

それと、商売だって、自信なさそうにモノを売っていたら、本当はいい商品が、たいしたことないモノに思われちゃうだろう？

自信があるように見せるって、自分の話を聞いてくれる人や自分のお店を選んでくれた人や、自分に会いに来てくれた人への、大切な〝愛情表現〟なんだよ」

自信がなくても、他人から自信があるように見えていれば一〇〇点です！

でも、ガンバりすぎちゃダメですよ。

ニッコニッコの笑顔にするだけでもＯＫです！

ちょっぴりハキハキした大きい声を出すだけでもＯＫです！

楽しんで自信マンマンのフリをしちゃいましょう!!

一人さんのここがPOINT

回数をこなして、とにかく話すことに慣れる！

ユーモアは一日にしてならず

一人さんの話には必ずユーモアがあります。誰も傷つけたりしない、みんなが笑える楽しい話。

緊張した空気が流れていても、一気に場が和《なご》みます。

笑うと、人って不思議なことに、フッと表情が和らぐと同時に、ガチガチになっていた心がゆるみます。だから、話がスーッと心に入ってくるのです。

それを、当たり前のように、サラッとやってしまう一人さんって、本当にスゴいなと尊敬しています。

ユーモアはとっても大切です。

でも、ユーモアのセンスを磨こうと思っても、残念ながらそんなにカンタンには身につきませんよね⁉

特に、会話の中にユーモアをプラスするのって、すごい上級レベルだと思います。

せいぜい私たちにできるのは、オヤジギャグやダジャレぐらい（笑）。
だから、誰も笑ってくれなくて、ヒンヤリしたお寒い空気に自分の心が折れてしまうよりは、まずは普通に話すことを、心がけましょう!!

そして、何より！　いちばん簡単なのは、おもしろい話をしてくれる人がいたら、あなたが、思いっきり笑ってあげましょう!!

あなたのその笑顔や笑い声が、最高のユーモアですよ！

そこから、磨きをかけましょう!!

一人さんの
ここが
POINT

人の話で笑って、あなたのユーモアのセンスを磨こう！

あなたが〝最悪〟と思うことは、最高のネタ！

ユーモアを身につけることはカンタンではありません。

でも、カンタンに面白い話をできる方法があります。

あなたの日常の中で起きた〝最悪だな〟と思うことや〝失敗談〟が、そのチャンスなんです。なぜなら、あなたが最悪だと思うことは、実は〝最高のネタ〟だからです！


最悪なことを、最高のネタに変える達人の一人が、私の大好きな社長仲間の、おがちゃん（尾形幸弘社長）です。

おがちゃんが地方のホテルに泊まったときのことです。飲みに出かけるので、ホテル名や部屋番号の書いてあるルームキーを落としたら危ないと思って、ホテルのフロントに預けたのだそうです。

「何時頃お帰りになられますか？」とホテルの人に聞かれたので、「二十四時前には戻ると思います」と答えて出かけました。その後、友だちと飲んで、予定よりも少し早く二十三時半ごろにホテルに戻ったおがちゃん。ホテルの人の姿はなく、フロントのデスクを見ると、なんと!! なんと!! オドロキの出来事が!!

おがちゃんの部屋のルームキーが置いてあったんです（笑）。

さらに、「尾形さま、カギを置いときます」と手紙が添えられていたそうです（笑）。

「オレはホテルの人から、人を信じることを学んだよ。この地方には、勝手に部屋に忍び込んで盗みをはたらくような悪い人なんていないんだよ。オレの心は、ケガれてる（笑）。まだまだ、オレは未熟だ（笑）」と、おがちゃんは笑いながら話してくれました。

その話を聞いた私は、お腹がよじれて、死にそうなほど大笑いしました（笑）。

でもね、わかりますか？

普通なら、「部屋番号の書いてあるルームキーをフロントに置くなんて、盗難にあったらどうするんだ!!」と、怒る人もいると思いませんか？

おがちゃんが、そんな怒る人だったら、友だち、すぐにヤメます（笑）。

でも、それをすぐネタにして、めちゃくちゃ面白い話にするおがちゃんだから、本当に大好きだし、最高にステキな人だと、心から尊敬しています!!

そんな、おがちゃんが、女性からも男性からもめちゃくちゃ人気があるのは、当然ですね!!

同じ出来事でも、笑い話のネタにする人と、怒った話のネタにする人。

おがちゃんのように笑い話のネタにできる人は、何か最悪なことが起きた瞬間でさえ、頭の中でカチャカチャッと面白いネタに変えているんです。

「誰かに笑い話として話そう！」と思えるので、最悪な出来事が楽しいことになる。

すると、「自分の人生でイヤなことが起こらない」ということになるのです。

楽しい話のできる人は、一緒にいると楽しくて愛される人ですよね。

でも、怒った話をする人は、「あそこのホテルはとんでもないホテルだ！」「あんなサービスはあり得ない！」というように、不平・不満をいつまでも溜め込んで、いつもグチばかり。そうすると、いつもグチグチ不平・不満ばっかり言う、つまらない魅力のない人になってしまいますよね。

テレビのトーク番組『人志松本のすべらない話』も、自分に起きた失敗談や最悪な話を、面白おかしく笑える話にしてくれているからこそ、人気があると思うんです。

中学時代に公園で暮らし、段ボールを食べていたほど貧乏だったことを、笑い話にして話した芸人さんは、本がベストセラーとなり映画にもなりました。

ユーモアのある話をするには、大切なことが一つあります。

それは、「いつも楽しいことを考えるクセをつける」ということです。

一人さんいわく「いつも怒っている人は、いつも怒るネタを探してるんだよ（笑）」

楽しいことを考えるクセをつけると、自分に起きたどんな出来事も、カチカチッと面白変換スイッチで楽しい話に変えることができるようになります。

やり続けてみてください。

そのうち、あなたは、話が面白くて楽しい人という印象になり、まちがいなく、人気者になりますよ。

おがちゃんのブログ（http://ameblo.jp/mukarayu-ogata/）には、すごくタメになって楽しい話が満載ですので、ぜひ読んでみてくださいね。

一人さんのここがPOINT

つねに、楽しいことを考えるクセをつけよう！そして、イヤなことは笑い話にしてしまおう！

話す言葉は〝やまびこ〟と同じ！

「話す言葉って、〝やまびこ〟と一緒なんだよ。いい言葉を発すれば、絶対にいい言葉が返ってくる。しかも、大きくなって返ってくるんだよ」

一人さんはこんなふうに言葉の大切さについて教えてくれました。

いい言葉を発していたら、絶対にいい言葉が大きくなって返ってくるので、お金持ちにならないわけがないのです。

だから、お金持ちになっていないのは、絶対に何かよくない言葉を発してしまっているんです。

「いや、私は絶対にいい言葉しか使っていない」と言う人は、首からテープレコーダーをぶら下げて、二十四時間録音してみてください。それを聴いたら、きっと驚くことでしょう。「あー、イヤになっちゃう」「もう、ふざけるな！」「つまんないな」とポロッと言ったり、「はぁ～」とため息をついたり……。自分でビックリするくらい否定語を発していると思いますよ（笑）。

でも、そのことに気がついたら、もう大丈夫ですよ。

ついつい、弱音を吐いたり、否定語を言ったり、うっかり言ってしまったりすることがあるかもしれません。

そんなときは、気がついたらすぐに、語尾だけ言い直してください。

最後の言葉に、いい言葉をプラスしてあげるんです。

「あー、イヤになっちゃう……、と思ったけど大丈夫！」「もう、ふざけるな！……と思ったけどゆるす！」「つまんないな……って思ったけど、楽しくなってきた」「はぁ～……（暗いため息）、しあわせ！」

どうですか？　カンタンにいい言葉に変わりましたよね！

本当は、イヤな言葉は、言わないに越したことはないですよ（笑）。

でも、これをやっていると、格段に、悪い言葉、暗い言葉が減っていきます！

悪い言葉が減ると同時に、あなたのまわりの人の態度や対応が、確実に、いい方向に変わってきます。

いい言葉とは、聞いている相手も話している自分も、明るく楽しくしあわせでいい気持ちになる**『天国言葉』**です。

- 愛してます
- ツイてる
- うれしい
- 楽しい
- 感謝してます
- しあわせ
- ありがとう
- ゆるします

この他、「ステキ」「キレイ」「おいしい」といった褒め言葉も『天国言葉』です。

反対に、絶対に使ってはいけないのが貧乏神を引き寄せる『地獄言葉』です。

- ツイてない
- ゆるせない
- 不平・不満

・グチ
・泣きごと
・悪口
・文句
・心配ごと

話していると幸せな気分になれるいい言葉をいっぱい発しましょうね！

一人さんのここがPOINT

否定語を使うクセは、言っちゃったら、まずは、語尾だけでも直す！どんどん言わないようにクセづける！

話は短いだけで一〇〇点になる！

たとえば、「本日はお日柄もよく……、これからも日々精進してくださ い」なんていう結婚式の祝辞。新郎新婦へのはなむけに、四字熟語のようなムズカシイ言葉ばかりを使う上に、長いスピーチをする方がいます。

でも、日常会話であまり使わないようなムズカシイ言葉でスピーチされても、「それってどういう意味なんだろう?」と思ってしまったり、それよりも、いま一つ心に響かないってこと、ありませんか⁉

その上、話があんまり長いと、だんだん退屈になり、早く終わらないかな～って思っちゃいます。失礼なこと言って、ごめんなさい! でも、みなさん、そんな経験ありますよね⁉(笑)

一人さんは常々言っています。

「話は短いだけで一〇〇点! たとえば、乾杯のあいさつで、ビールの泡が消えて、すっかりぬるくなるまで、しゃべっちゃダメなんだよ(笑)。

話って、上手くなればなるほど、短くてもちゃんと伝えられるようになるんだよ。

それって、いま必要なことを話そうとか、相手にわかるように話そうとか、相手にちゃんと伝えよう、っていう愛情なんだよ。

だから、話は短いだけで一〇〇点!!　だらだら長いのは、それだけで、マイナス一〇〇万点だよ（笑）」

本当にそうだなって思います。人の心をつかみ、話が上手だなと感じる人って、短くて、それでいて普通の言葉で話しているんですよね。


一人さんが、めっちゃくちゃおもしろい話をしてくれました。

「話は、短いだけで一〇〇点って言ってるんだけど、長い話にも、素晴らしい教えがあるんだよ。

真由美ちゃんね、校長先生ってスゴいんだよ。

オレたちの人生にものすごく必要な〝忍耐〟を教えてくれているんだよ。

朝礼で長い話を続けてバタバタ生徒が倒れても話し続けるんだよ。スゴいだろ？　だって、それはね、長い話を〝忍耐〟で聞き続けることを、オレたち生徒に教えてくれているんだ。社会に出て、いろんなことがある中で、この校長先生が教えてくれる〝忍耐〟くらい役立つものって、ないかもしれないよ（笑）。さすがは校長先生だよな」

私は思わず大笑いしてしまいました（笑）。

もちろん、これはわかりやすく伝えるための笑い話の中でのたとえですから、校長先生、ゆるしてくださいね。校長先生がスバラシい話を生徒さんたちのために一生懸命お話ししてくださっていることはわかっています。

こんなふうに冗談で、一人さんは笑わせてくれますけれど、本当は、「どんなことでも、自分がどう受け止めるかだよ」って、それを教えてくれているんです。

どんなことも自分の考え方次第で、スゴい楽しい学びにすることができるんです。

長い話は、今、忍耐を養っていると思ったら、自分のためになる（笑）。

ムズカシイ言葉のスピーチだって、四字熟語の勉強になるなと思ったら、自分のためになる（笑）。

でも、自分が話をするときは、〝短く、わかりやすく〟を心がけましょうね！

一人さんのここがPOINT

話を短くすると、話が上手になる上に、好感を持たれる！

相手にわかりやすく話すのは、最上級の愛情です！

一人さんの話している姿を見て、特にスゴいなって思うのは、漢字がまだわからないような小さな子どもにも、ちゃんとわかるように話していることです。

これって、**〝最上級の愛情〟**だなと私は思います。

なぜなら、ムズカシイ言葉で伝えるよりも、誰でもわかるカンタンな言葉で表現するほうが、うんと努力が必要だからです。

だから、話し方一つで、お金持ちになれるんです。

だって、自分の都合で話しているのではなく、相手のことを思って愛情を持った話し方をすることができたら、仕事なら出世するし、まわりの人から好かれれば、周囲は絶対に、あなたのことを、ほうっておかないからです。

当然、まわりから押し上げられることが起きてくるので、必然的に、お金持ちになるのです。

〝最上級の愛情〟で、「これは、まだ漢字のわからない子どもにもわかるかな」と思いながら話してみてくださいね。

〝親身〟な気持ちで、話してみてください。

〝親身〟とは、親が子どもを思う気持ちです。親は、子どもに何かを教えるときに、わかりやすく、わかるように、伝えますよね？　その気持ちこそが、最高の〝無償の愛情〟です。

そんな愛情あふれる話し方が嫌いな人って、絶対にいませんよ!!

一人さんの
ここが
POINT

子どもにもわかるように話す！

おしゃべり上手な人と比べるのはやめよう！

よくやってしまいがちなのが、おしゃべり上手な人のマネをして落ち込むことです。もちろん、いい口グセやステキだなと思う話し方をマネして取り入れることは、とってもいいことですからおすすめです。

でも、話の苦手な人がいきなり上手な人のマネをしても、たいていは上手くできなくて余計に落ち込んで、自分にダメ出ししてしまうのがオチです。

せっかく、この本まで読んで、話が上手くなりたいと思ってがんばっているのに、生まれつき話が上手な人と比べて、落ち込む材料にするなんて、そんなことをしては絶対にいけません!!

だって、落ち込むために、この本を読んでるんじゃないんですから!!

それにね、誰かのマネをしたところで、その人になれるわけがありません。

というか、その人になる必要なんてないんですから!!　あなたは〝あなた〟なんです!!

想像してください。

私がいっくら一人さんが大好きで、一人さんの話し方が好きだからといって、突然、一人さんの話し方をマネしてしゃべりだしたら、きっと「どうしちゃったの？

変だよ」と思うはずです（笑）。

あなたはあなたのままでいいのです。

話の上手な人と比べるのではなくて、どうせなら、ステキだなと思う話し方を、ぜひ、あなたらしく取り入れてみてくださいね。

一人さんのここがPOINT

自分の話し方を大切にする！

人のいいところは、取り入れる！

上手く話すことが、盛り上げ上手なワケじゃない！

「話が上手くなりたい」という相談って、とても多いんです。

そういう人に、「どんなふうに上手くなりたいの？」と尋ねると、「沈黙にならないように、口数を増やしたい」と答える人がいます。

でも、よく考えてください。

あんまり楽しくない話を、ず～っとしゃべられたらどうでしょう？　自分勝手に、つまらない話を延々とされるぐらいなら、しゃべらない人と一緒にいるほうが、よっぽど居心地がいいんじゃないかなって私は思います（笑）。

だから、上手く話すって、口数を増やすことではないんです。

たとえば、普段あまり話さないけれど、一言に重みがあるステキな人もいますよね。一時間の間に二言三言ぐらいしか話していないのに、楽しくって存在感がある人もいますよね。

人間は一人ひとり顔や性格が違うように、会話の仕方も一人ひとり違って当たり前なんです。それで、いいんです。

口数を増やすことよりも、「一緒にいる人が気持ちよくなることって何かな？」「この人が楽しくなることって何かな？」というように、〝その場を楽しくすること〟を考えたら、いいですよ。

そうしたら、笑顔で聞いてあげることだったり、「そうなんだ！」「すごいね！」ってあいづちを打ってあげることだったり、声を出して笑ってあげることだったり、その場が楽しくなることって、いくつも思いつくと思います。
その感性を磨いていったら、きっと、口から出る会話の魅力も、グンとアップすると思います。

だから、上手に話すことよりも、〝その場を楽しくすること〟を考えてみてくださいね。

一人さんのここがPOINT

沈黙を恐れない！
口数を増やすよりも、その場を楽しもう！

どんなにいい話でも、熱すぎる思いはやけどする

いい話を聞いてスバラシいなって感動すると、身近な人にその熱い思いをそのままぶつけてしまうことってありませんか？

たとえば、一人さんのすごくいい話に感動して、家族や友人、同僚などに「そういう考え方じゃダメだよ！」みたいなダメ出しをしてしまう（笑）。

私は社長になったばかりのころ、一人さんからスバラシい話を聞くと、感動をそのまま、全力ウルトラ投球の勢いで、スタッフに伝えてしまっていたことがありました。

すると突然、「社長、すみません。私、そこまで、社長の期待にこたえられないので」と会社を辞められてしまった苦い経験があります（笑）。

その人が幸せになるためにと思って、自分ではよかれと思って、愛情で一生懸命に言っているつもりでしたが、どんないい考えでも、伝え方ってあるんです。

それに、押し付けられたら誰でもイヤですよね。きっと、今までの自分を否定された気持ちにもなったんじゃないかと思います。

本当に未熟ですよね。まして、そんな未熟な私に意見を押し付けられたら、「あなたに、そこまで言われたくないわ」と思うのも、今だからわかりますけれど、当然です。

どんなにいい話でも、決して押し付けてはいけない。そのことに気づいて反省しました。

それからは、いい話を聞いても少し冷静になって、「私も、まだまだ足りないんだけど、こんなふうにするといいよ」というように、伝え方を工夫しました。

そのほうが、ダンゼン相手の心に届くんですよね。

どんなにおいしいお茶でも、沸騰した熱いお湯でいれて「おいしいから、今、飲みなさい！」って、相手にムリやり飲ませたら、やけどしてしまいます。

その人の好きな、飲みごろの適度な温度にしてふるまってこそ、おいしさを味わってもらえるのです。

一人さんのここがPOINT

どんなにいい話でも、どんなに好きな話でも、絶対に、相手に押し付けない！

否定の妄想はやめましょう！

「〝こんなことを言ったらどう思われるかな？〟と考えていると、なかなか思っているることが言えないんです」という相談を受けたことがありました。

「今この話題を話したら、空気に合っていないかな」「私は感動したけど、こういう話を熱く語ると、うっとうしく思われるかな？」「押し付けがましく思われるかな？」

これって、頭の中に、否定の妄想が暗雲のごとく立ち込めてしまう感じですね（笑）。

でも、そんなとき、たいがい相手はなんとも思っていないのです。

きっと自分が思っている一〇分の一も思っていないことでしょう。

右から左へと聞き流されている可能性すらあります（笑）。

一人でアレコレ考えすぎてしまうと、否定の妄想にとらわれて話ができなくなってしまいますよね。

たとえば、自分が飲んでよかったサプリメントなら、「これ飲んだらめちゃくちゃ肌のハリがよくなって、若返ったねって、すっごい褒められるんです」というように、自分の感じたことを、素直に普通に伝えればいいんです。

それなのに、「売り込みだと思われたらどうしよう?」とか、勝手に否定の妄想を膨らませて、さらに「こんな話をしたら強引なセールスみたいに思われて、もうこれから付き合えなくなるのではないかしら?」と、ますます妄想が広がります。

それでも、一大決心して「言わなきゃ!!」みたいに思った末に勇気を振り絞って出した言葉って、オドロくほど、暗～くて重いのです(笑)。

すると、相手には、間違いなくその暗～くて重い空気が伝わって、「何か、ヘンなモノでも、買わせようとしているのかしら……」と、かえって警戒されてしまうと思いませんか?(笑)

一大決心をして伝えるよりも、「私ね、このサプリメントを飲んで、ものすごくよかったよ」というように、自分がいいと思ったこと、感じたことを、そのままの気持ちで伝えたらいいのです。

相手もその商品を飲んでみたいなと思ったら買うだけの話ですよね。

いいモノは愛用して喜んでもらえたらうれしいし、商売なら、商品の魅力を素直に伝えたほうが買ってもらえるに決まってます!!

仕事でもプライベートでも、否定の妄想で、自分の思いを伝えられないなんてもったいない!!

好きな人に、「こんなこと言ったら嫌われるかしら?」なんて考えすぎて、否定の妄想を膨らませすぎては、いけませんよ(笑)。

素直に伝えてください!! それだけで、大丈夫ですよ。

一人さんのここがPOINT

相手がどう思っているかを気にしすぎない!
自分の気持ちを素直に口に出す!

まずは自分ができることを探してみよう

「盛り上がる雑談力を身につけたい」「人の心を軽くするような話術を身につけたい」と思って努力してみても、なかなか上手にできなくて落ち込んでしまう人も多いと思います。

会話力は磨けばもちろん上達していきます。

でも、なんでもそうですけれど、持って生まれた才能って、誰にでもありますよね。

前述しましたが、私は一人さんのように、あんなふうに上手に話すことや、人の心を一瞬で軽くすることは、まだまだとてもできません。

それは、神さまが一人さんにおつけになった素晴らしい、持って生まれた才能だと思うんです。

それなら、才能がなければ、どうすればいいと思いますか？

できないってあきらめますか？

そしたら、この本の意味がなくなりますね（笑）。

まずは、**自分ができることをやってみるのです。**

絶対にあきらめなければ、やれることが〝山ほど〟あります。

たとえば、「よし、逆転の発想でいこう！」と思って、自分が話すことよりも「相手にいっぱい話してもらえるにはどうすればいいか？」を考えてみる。

そうしたら、相手の話に合わせて大きくうなずく。すると相手は気分が乗ってきていっぱい話してくれます。

次は、人の話をちゃんと聞いて、リアクションに気をつけてみる。

その次は、相手の話に合わせて、言葉で愛の手（合いの手）を入れてみる。

そうやって会話のコツをつかんでいけばいいのです。

会話は自分から話しかけなくてはいけない、と思いがちですが、それは間違い。だって、会話は義務ではありません。それに、こうじゃなきゃいけない、そんなルールもありません。

「雑談のできない私はダメだわ」「話すことが苦手だから友だちもいない」なんて、大いなる勘違いですよ。

まずは、自分にできることを、やってみましょう！

一人さんの
ここが
POINT

会話力は、会話の上手さだけではない！

やれることは、山ほどある！

声のトーンは〝ソ〟の音が心地いい！

「あのね、聞いてくれる？　この前失くしたお財布がね……（↓）」

「あのね、この前、付き合っている彼がね……（↓）」

こんなふうに電話の第一声がなぜか暗い友だちがいました。

えっ、何か大変なことが起きたのかなと思ってしまいます。

でも、よくよく話を聞いてみると、失くしたお財布が見つかったとか、付き合っている彼がプロポーズしてくれたとか、いい話だったりするのです（笑）。

「ちょっと〜!!　いい話なら、いい話っぽく電話してきてよ〜！　心配するじゃん!!」と、思わず言ってしまう私でした（笑）。

これは話し方のクセで、本人は悪気はないんだと思います。でも、私にしたら、大迷惑です（笑）。

だから、第一声はできるだけ明るくすることが、大切です。

特に電話は、相手の表情が見えないので、第一声は大切です。

普段はもちろんのこと、仕事で電話をかける場合は、会ったことのある人にとっても、新規のお客さまにとっても、あなたがどんなにステキな人かの判断材料は、あなたの声しかないのですから。相手にいい印象を与えるには、明るくさわやかに、です！

一人さんは声のトーンについてこうアドバイスしてくれました。

「音楽療法というのがあるけれど、音って大切なんだよ。音楽で救われる人って多いだろ？　聴いているだけで、落ち込んでいる心が晴れてくることがあるんだよ。

オレたちが話す言葉もね、実は音って大事なの。

話すとき、ドレミファソラシドの、〝ソ〟の音を意識してごらん。電話にも、〝ソ〟

の音で出るといいよ。相手が明るい気持ちになって、気分がいいんだ。それだけで間違いなく、相手から、感じがいい人と思われるんだよ」

あなたの声のトーン一つで、人の心を明るく晴れやかにすることができるんですよ。

声のトーンは、〝ソ〟の音を心がけてみてくださいね！

一人さんのここがPOINT

第一声が、あなたの印象を決める！
明るいトーンで話す！

最後は大きな声が勝つ！

「最後は声の大きな人が勝つ」という法則を知っていますか？（笑）

最近、韓国旅行したときの、韓国人のガイドさんが言ってました。

「韓国人は、はっきりとモノを言うから、意見が対立したりすることが起きるの。そうすると、最後に勝つのは、声の大きい人なのよ（笑）」

そのときは、へぇ～って、めっちゃ笑ったんですけれど、これって、本当は、韓国の人だけの話じゃないですよね。

たとえば会議で発言をするとき、声の大きな人はみんなに声が届くので意見がとおりやすいそうです。反対に、小さな声だと、スバラシい意見だったとしても、相手が聞き取りにくいから、受け入れてもらいづらいそうです。

普段の会話でも、声は小さいより大きいほうがいいです。

大きければいいというワケではありませんが、ちゃんと相手が聞き取れるような声で話すのは、相手への思いやりです。じゃないと、会話が成り立ちません（笑）。

蚊の鳴くような小さな声で、本当に聞こえなくて聞き返してしまうことがあります。「ごめんね、もう一回言ってくれる？」とお願いしても、また聞こえない。それが二、三回続くと、本当はよく聞こえないけれど、笑って、「そうだよね」と、話がわかったフリをしてしまったことが、実際にあります（笑）。でも、何回も聞き返すと、そのうち悪いなぁと思って、こっちが気を遣ってしまいませんか？

それと、やっぱり、話をするときは、小さな声でボソボソ話すよりも、ちゃんと相手に聞こえる声の大きさを意識したほうが、絶対に得です!!

だって、小さな声はそれだけで、自信がなさそうに見えますから!

自信がなさそうに見えて〝得〟なことは、一つもありません。自分の〝損〟になることを、わざわざやっちゃいけませんよ(笑)。

なかなか大きな声を出せないという人は、まずは「はい!」という返事だけでも大きい声にしてみるといいですよ。

元気な第一声の「はい」を心がけるだけで、だんだんいい声が出るようになりますよ!

一人さんのここがPOINT

聞き返されない声の大きさがベスト!「はい!」の返事から、大きい声にしてみる!

本当にイヤな人には言い返さなきゃダメですよ！

イヤなことを言う人には、言い返さなきゃダメですよ。

ザンネンながら、この世の中はいい人ばかりじゃありません。

まじめで優しい人ほど、どんなにイヤなことを言われても、グッと我慢してしまいがちですが、絶対に我慢してはいけません。

黙ってイヤな言葉に耐えるのは、自分がサンドバッグのように叩かれているのと同じです。この人は言い返さないからなんでも言っていいんだと思われて、ボコボコ叩かれて傷だらけにされてしまいます。


どう言い返したらいいか、わからない？

なんでもいいから、言い返すんです。

「今の言い方、傷つくからやめてください」「そんな意地悪なこと、言わないでください」「そういうこと言うの、やめてください。本当にイヤなんです。性格悪いですね」とか、なんでもいいから、言い返すんです。

もらいっぱなしはダメです。人からいいことをしてもらったら、あの人に何かお返ししてあげたいなって思いますよね。

それと同じで、イヤな言葉をもらったら、イヤなものを返さなきゃダメなんです。

26ページの項目にあるように、役柄を変えていい人を演じるとしても、悪人にはキゼンとした態度で立ち向かわなくてはいけないんです。

ただ黙って耐えていたら、どんどんひどいことを言われてエスカレートしていきます。いじめと同じですよね。最初にバシッと叩かれたときに、「痛いからやめてくれる?」と言わないと、それが次第に突き飛ばされたり、棒で叩かれたり、どんどんエスカレートしてしまうのです。

絶対に負けちゃいけませんよ!

一人さんは言ってます。

「いい人は、いつも笑顔でいて、いつも素敵な言葉を言って、がんばってるんだ。イヤなことがあっても、笑顔でいて、どんなことが起きてもステキな言葉を言って、がんばってるんだ。

でも、いいかい。いつもそうやってがんばってる人が、心底イヤなヤツだな〜って、思うヤツが出てきたら、本当にイヤなヤツなの。

そんなヤツには、ちゃんとやり返すんだよ。〝おまえ、ほんと、性格悪いな。ふざけんなよ〟って、言うんだよ。

そんなイヤなヤツに、いい顔とか、いい言葉なんて、やる必要ないよ。やり返せよ。オレがゆるす。オレがついてるからな」

涙が出ますね。

本当ですよ!!　いつまでも我慢していたら、ダメですよ。

だって、あなたはサンドバッグなんかじゃないんですから。

一人さんも私も、あなたを心から応援しています！

一人さんのここがPOINT

イヤなヤツに絶対に負けない‼
イヤなヤツには、今すぐ、やり返す‼

自分らしさを封印してしまう心のトゲの抜き方

先日お会いした女性は子どものころからずっと、最近になるまで、自分に自信がなかったと言います。

でも、その女性は、メイクも上手でアクセサリーなどの装《よそお》いも表情もキラキラ輝いていてとってもキレイなんです。

「本当ですか？　なんで、そんなに自信がなかったんですか？」って、理由を尋ねると、こんな話をしてくれました。

「小学生のころ、父親に〝お前が男の子ならよかったのにな〟って言われたんです。

その言葉が、ずっと自分の心に刺さっていました。だから、ずっと、普通の女の子みたいに、オシャレをしちゃいけないんだと思って生きてきたんです。

学生時代も、ＯＬになって働き出してからも、ＴシャツとＧパンみたいなカッコしかしなかったし、ヴィトンとかブランドもののバッグなんかを持っている人を見ると、あんなチャラチャラしたものを持ってと軽蔑していたんですよ（笑）」

そんな彼女がオシャレに目覚めたのは、「オシャレしなきゃダメだよ」「自分をキレイにするんだよ」「人は見た目が一〇〇％だよ」というような、一人さんの教えに出合ったおかげだそうです。

三十代になってようやく、「お前が男の子ならよかったのにな」という言葉の呪縛から解放されたのだそうです。

「今までオシャレにお金をかけなかった分、貯金がいっぱいあったんです（笑）。そのお金で、好きなヴィトンのバッグや、自分が着たい洋服を、今、たくさん買えるから、本当にめちゃくちゃハッピーです！（笑）」と楽しそうに話してくれました。

言葉にはすごい威力があります。

何気なく発した言葉でも、相手の心に、何年も何十年も突き刺さってしまうことってあるんです。

一発で五寸釘どころか二〇寸釘で打たれたぐらいに深く刺さってしまう。

すると、刺された人はその場所から身動きがとれなくて人生が動かないのです。

どんな言葉が刺さってしまうかわからないので、本当に、言葉って大切ですね。

もしかすると、彼女のお父さんも決して悪意があったわけではなく、お前みたいに元気な子が男の子なら、もっとうれしかったなというような意味で、そう言ってしまったのかもしれません。

でも、彼女の心には、女性として自分らしく生きる道を封印するトゲになってしまったんです。

心に刺さってしまったトゲは、自分でしか抜くことができません。

トゲを抜くには、そのトゲの正体を自分で見破るしかありません。

一人さんの教えてくれることは、不思議です。

どんどん知っていって、「あーそうなんだ」「なるほど」「わかるわかる」と思っていくうちに、実は、二〇寸釘ぐらいだと思っていた自分の心のトゲが、小さな小さなトゲだったことに気がつきます。

そうすると、いとも簡単に抜くことができるんです。

小さな心のトゲが抜けると、その場から一歩も動き出せなかった状態から、なんでもできるようになるんです。やりたいことをやり、言いたいことも言えるようになるんですよ。

あなたらしく、自分を解放してくださいね！

一人さんのここがPOINT

自分以外の人が言った言葉で、
自分らしさを封印しない！
そして、自分も、何気ない一言で人を傷つけない！

第3章

会話のキャッチボールが上達するコツ

会話のドッジボールになっていませんか!?

「会話はキャッチボール」と、よくたとえられます。相手から投げられたボール（言葉）をキャッチし、自分もボール（言葉）を投げ返す。このとき大切なのは、相手の投げたボール（言葉）がどんな方向に来るかをよく見て、今度は相手が取りやすいところに投げ返すことです。そうすることでキャッチボールが続きますよね。

ところが、まるでドッジボールのごとく、相手にボール（言葉）をバシバシぶつけてしまったり、取りづらい方向に投げたりしてしまっては、キャッチボールは上手くいきません。

A「昨日テレビでやっていたラグビーの試合見た？」
B「いや、興味ないから見てない」
A「…………」

はい、会話終了（笑）。Bさんは言葉のボールを投げ返すことすらできていませんよね。

いくら興味のない話題でも、相手の話を聞いて、相手が受け取りやすいように言葉を選んでみたらどうでしょう？

A「昨日テレビでやっていたラグビーの試合見た？」

B「見ていないんだけど、五郎丸すごい人気だよね！　あの五郎丸ポーズは見られた？」

A「昨日も大活躍で、五郎丸ポーズも見られたよ！」

B「Aくんは、学生時代ラグビーやっていたの？」

A「うん、学生時代にやっていたんだ。今度、一緒に試合観に行こうよ！」

というような感じで、相手のボールをしっかりキャッチして、また相手が返しやすいようにボールを投げる。そうやって会話が盛り上がっていくのではないでしょうか。

あなたは上手に会話のキャッチボールができていますか？

「苦手〜」とか、言ってちゃダメですよ。

だって、言葉をキャッチするのは、あなたの〝耳〟ですからね。あなたも、私も、どんな人にも同じ〝耳〟が、二つあります（笑）。

ちゃんとその耳で、受け止めようと覚悟したら、できるようになりますよ。

一人さんのここがPOINT

相手の言葉はしっかり受け止めて、返しやすい言葉をかける！

相手に好意を持たれるちょっとしたコツ

心理学では、相手に好意を持たれるちょっとしたコツがあります。それは相手の言葉を繰り返す、その名もズバリ、〝おうむ返し〟です。

「私、コーヒーが好きなんです」
「コーヒーが好きなんですね。どんなコーヒーが好きですか?」
「酸味が強いのが好みです」
「酸味が強いのが好きなんですね。毎日どのくらい飲みますか?」

話をしているときに、誰もが大なり小なり、内心気になるのが、「自分の話を聞いてくれているかな?」「この話に興味があるかな?」「退屈していないかな?」というようなことです。

自分が言った言葉を繰り返されることで、この人はちゃんと話を聞いてくれているという確信を得られるのと同時に、同調してもらえたと感じるのだそうです。

だから、相手に好意を持つのです。

また、相手と同じ仕草をするのも心理学的には同様の効果があるそうです。たとえば、相手がコーヒーを飲んだら、自分もコーヒーを飲む。相手がほお杖をついたら、自分もほお杖をつく。相手が笑ったら、自分も笑う。これは相手の仕草や動作を鏡のようにマネすることから、〝ミラーリング〟というそうです。

ただし、物事には限度がありますからね（笑）。あまりしつこく同じ言葉を繰り返したり、同じ仕草をマネしたりすると、好かれるどころか、逆効果になりますから注意してください。

適度なさじ加減で取り入れてみてくださいね！

大切なのは、相手との、会話のキャッチボールですよ！

一人さんのここがPOINT

相手の仕草も会話の一つ！

人の心をつかむ〝雑談力〟っていったい何モノ!?

雑談力があると、会話の力がアップするって、言われています。

でも、そもそも〝雑談〟って、何なんでしょうか!?

明石家さんまさんのように、流暢に楽しい話をしないといけないのでしょうか？

池上彰さんのように、物知りじゃないといけないのでしょうか？

雑談って、辞書で調べました（笑）。世間話をすること【はっきりとした目的や、まとまりのない話。たわいもない話のことなんです。

そうなんです（笑）。要は、たわいもない話のことなんです。

だから、それって、一生懸命がんばって、努力して努力して、身につけるようなシロモノじゃないんです。


私は、一人さんを見ていて、一人さんは、世界一の〝雑談力の神さま〟だと、思っているんですね。

どんな人が来ても、その人と楽しい会話をしている。いつでも、話が弾んでいる。

そうなんです。**〝雑談力〟って、〝親しみやすさ〟です。**

どんなに話が上手かろうが、どんなにいろんなことを知っていようが、どんなに流暢にしゃべれようが、そんなことよりも、**人が本当に一緒に話したい人は、親しみやすい人なんです。**

何かを買うときでも、一緒です。

どうせ買うなら、親しみやすい人から、物を買いたいんです。
だから、話なんて、下手くそでもいいんですよ（笑）。
それよりも、あなたは親しみやすい〝笑顔〟ですか？
あなたは親しみやすい〝話し方〟ですか？
雑談を思わずしたくなっちゃう魅力が、本当の〝雑談力〟ですね！

一人さんのここがPOINT

親しみやすい人以上に、話しやすい人はいない！

話下手はメチャクチャおトクです!!

話下手な人って、「自分って損だな」って思っていませんか？
でも、話下手な人って、ぜんぜん損じゃないですよ。

だって、なんといってても、あまりしゃべらなくてもいいんですから！（笑）

お笑い芸人さんでも、ボケとツッコミの人がいます。

ツッコミの人が、一〇しゃべると、ボケの人は一しゃべる。

それって、すごいおトクじゃないですか？　効率的ですよ（笑）。

私みたいにおしゃべりに生まれたら、シーンとなっていると何か話さないといけない、どうしよう？と思って、とりあえず話してしまいます（笑）。間違いなく、おしゃべりな人ってすごい消費エネルギーが多いと思います（笑）。

それに、しゃべった量で、人気が出たり、モテたり、決まるワケではありませんから！（笑）

一人さんがいつも言っている大切なことがあります。

それは、**「どんな自分でも、自分ってすごくトクだな」って思うクセをつけることです。**

不幸せなままで、人は絶対に幸せになることはできません。

今の自分で幸せになることを考えることが、「自信を持つ」ということなんです。

だから、話下手な自分ってメッチャおトクだなって、自信を持ってくださいね。

一人さんの
ここが
POINT

無理して話し上手になる前に、自分はメッチャおトクな人間だと思うことが先！

会話上手は〝質問上手〟！

会話をする上で、いちばんカンタンなことってなんだと思いますか？

それは、**相手に質問することです。**

自分が話さなくても、気の利《き》いた質問をしたり、相手が話していることの中から質問をしたりすると、相手も乗ってくるので、いっぱい話してくれて盛り上がりますよね。

ただし、なんでも質問すればいいワケではありませんよ。

突拍子もない質問は、相手を驚かせるどころか、ドン引きさせてしまうこともありますからね。本当に、時々いますよね（笑）。今、この話題でめちゃくちゃ盛り上がってるのに、突然、ぜんぜん関係ない質問をして、場をとてつもなくしらけさせる達人とか（笑）。

それと、当たり前ですけれど、相手が言いたくないこと、興味がないことを質問するのも、まちがいなく嫌われるポイントになってしまいますよ（笑）。

質問をするコツは、まずは、ちゃんと、相手の話を聞く。その中で疑問に思ったことを質問することです。

気に入った人が食べ歩きが趣味だという話をしたら、「どんな食べ物が好きですか？」「最近でいちばん気に入っているお店はどこですか？」「いま行ってみたいお店はどこですか？」というように、相手の話をちゃんと聞きながら、質問してみましょう。

相手は、「この人はわかってくれる人だ」と思うと、うれしくていっぱい話してくれるはずです。

そうやって楽しく盛り上がっていたら、「今度、一緒においしいものを食べに行きましょう」なんていうチャンスをつかめるかもしれませんよ。

一人さんの
ここが
POINT

質問もするけれど、
基本は相手の話をちゃんと聞く！

人は〝体験の宝庫〟。聞くことで未知の楽しさを経験できる！

人は、一人ひとりが〝体験の宝庫〟です。

だって、自分じゃない他の人は、今日の朝起きたときから、まったく違う体験をしているんですよ!!

たとえば、朝は何を食べたのか？　パンを食べた人なら、「なぜご飯じゃなくて、パンなの？」「どんなパン？」「パンには何をつけて食べるの？」というように、どんどん知ろうとすると、いくらでも、興味が湧いてくるんです。

本当に、その人に関心を寄せたら、会話をしようなんて思わなくっても、いくらでも聞きたいことが浮かんでくるのです。と、私は、そう思っています（笑）。

でもって、そうやって純粋に疑問に思ったことを聞いていると、その人から「そうそう！　あそこのパン、すごくおいしいよ」って教えてもらえたり、そんなステキな出来事が起きてくるんです。


人って、誰でも、自分のことを大切にしてくれる人が大好きです。

ましてや、自分に興味を持ってくれて、尊重してくれる人だったら、すぐに仲良くなりたいものです。


人と仲良くなるのって、本当はものすごくシンプル。

自分がして欲しいことを、相手にしてあげればいいだけ。

しかも、自分とは違う〝体験の宝庫〟だから、本当は、話のネタは尽きないほどある！


自分が人生で体験できることなんて、ほんの一握りなんだ！と思えると、他の人の話から新たな発見をしたり、実際に自分ではできないことを経験できたり、楽しみを感じたりすることができますよ。

一人さんのここがPOINT

自分にない体験を、人から楽しんで聞き出そう！

「でも」「だけど」の否定はやめよう

会話で絶対にやめたほうがいいのが「否定」です。

「だけどさ～」「でもね～」「それ違うよ～」といきなり否定されたら、あなたもイヤな気分になりませんか？

いちいちそんなふうに言う人とは、もう、話したくないって思いますよね。

もちろん、相手と違う意見を言うのはいいのです。いろんな意見があっていいんですから。

ただ、そのときに大切なのは、否定から受け答えをするのではなくて、まず相手の言っていることを受け止めてあげる。

「そうだよね。わかるよ」というふうに、言ってあげてください。

で、そのあとに、「だけど、私はこう思うんだけど、聞いてくれる？」みたいに、自分の意見を言ってあげてください。

「そうだよね。わかるよ」というのは、相手の意見に賛同したり、肯定したりしているのではなくて、相手が言ったことを、私はちゃんと受け止めましたよ、理解しましたよという意味です。

この世の中は、ブーメランと一緒です。

あなたが、人の意見を聞いてあげると、必ず、相手もあなたの意見に、聞く耳を持ってくれますよ。そういうものです。

一人さんのここがPOINT

否定する前に一度、相手の言葉をちゃんと受け止める！

沈黙は悪くないですよ

ふとしたタイミングでやってくる沈黙。あなたは沈黙が平気ですか？

それとも沈黙が怖くてムリにでも話題を探しますか？

フランスでは、沈黙したとき**「天使が通ったね」**と言うそうです。固まっていたその場の空気がふっと和んで救われる、ステキな表現ですよね！

沈黙を恐れる人の多くは、「沈黙はよくない」「この沈黙をなんとかしなくっちゃ」と、心の中で、あせりまくってるんじゃないかと思います（笑）。

ところが、そのあせった気持ちから必死になってしゃべると、脈絡のない話だったり、不用意な発言で余計に沈黙を招いたり、相手も会話をつなげづらい話題だったり、笑わせようとして逆に引かれてしまったり。なんとかしようと思ったのに、逆に、踏んだり蹴ったりになっちゃったことって、ありませんか？（笑）

フランスだけじゃなくて、日本にもステキなことわざがあるじゃないですか。

「沈黙は金なり」（笑）

沈黙は悪くない。話の合間に休憩があったっていいんです。だから、そんなにガンバらなくていいですよ。

ときには沈黙がツラかったら、寝ちゃってもいいと思うんです。もちろん、会議中などに寝てしまうと怒られますからダメですよ（笑）。たとえば、バッタリ電車の中で会った知り合いと会話が続かなくて気まずい……。そんなときは、タイミングを見計らって、寝たフリもありだと思います（笑）。だって、きっと相手も、何か話さなくっちゃと頭の中で、必死に話題を探して、あわてているんじゃないかと思いますよ（笑）。

そんなに沈黙を恐れないでくださいね。

「会話しなくちゃ!!」って、あわてないでください。

あなたが、何分か沈黙したところで、地球が終わるワケではありませんから（笑）。

一人さんのここがPOINT

沈黙を怖がらない！

偏見は捨てちゃおう！

「おとなしくてつまらなそう」「なんだか性格がきつそう」とか勝手な偏見で、話をすることをためらうのは、すごくもったいないなと思います。

人を外見で判断するのは仕方のないことです。〝人は見た目が一〇〇％〟だからです。

スーパーで売ってるリンゴでも、あなたに見た目で判断されて、選ばれて買われてるんです。

でも、一度は、どの人にも聞く耳を持って、話してみるといいと思うんです。

だって、人は、人間の数だけ〝体験の宝庫〟なんですよ！

自分の勝手な偏見で、出会える人をグッと狭くしていたら、もったいないじゃないですか。

話してみると、とっても行動的でいろんなことにチャレンジする楽しい人だったり、とっても優しくて気遣いのできる人だったり、もし、イヤな人だったとしても、そこから学ぶことが、いっぱいあります。

噂話って、どれもとっても似てますね。「○○さんって、意地悪なのよ」「□□さんって、本当にワガママなのよ」というように、一方的な情報が耳に入ってきます。だけど、実際には、自分はなんにも被害を受けていない。それなのに、誰かが言ったことだけで、勝手に判断して、偏見を持つのって、本当はおかしいですよね。

世の中いい人ばかりならいいけれど、悪意のある人もいる。だから、しっかり自分の目で見て、耳で聞いて判断するのがキホンです。

偏見は捨てて、まっさらな心で、自分の目と耳を信じて、相手と向かい合えばきっと間違いないですよ。

一人さんのここがPOINT

ちゃんと自分で判断する！

自分の目と耳を信じる！

悪口は〝言わざる、聞かざる〟〝トットと逃げる〟

人の悪口を言う人に会ったら、ただちに逃げましょう。

本当にすぐ、逃げましょう!!

そばにいるだけで、運勢がたちどころに悪くなります。

悪口を言う人と会話のキャッチボールをする必要なんてないんです。

それと、実は、**悪口を聞いてあげるのも、同罪なんですよ。**

そもそも、はたから見たら、悪口を聞いているあなたも、悪口を言う一味に見えてますから（笑）。

「あの人の言葉には毒がある」って昔から言われますよね。これって本当なんですよ。ビンに悪口をいっぱい言っているときの空気を入れて、その中に虫を入れると、普通の空気を入れたときよりもはるかに早く虫が死んでしまうのです。

だから、悪口を言っている人は自分の毒を吸って破滅する。悪口を聞いてるだけだと言っても、一緒にその空気を吸ってますから、言ってなくても、毒に感化されて破滅しちゃうのです。

運勢が、どんどん悪くなってしまうんです。

「悪口を言うのはある意味、病気みたいなものだから、言っている本人に自覚がないことが多いんだよ。

あと、悪口国で育ったみたいな人は、悪口が日常会話なんだよ（笑）。そういう人も、悪口を言ってることに、自覚がない人が多いんだよ」と、一人さんは教えてくれます。

たとえば、「友だちの◯◯ちゃんのご主人って、あなたと同じ年なのにもう部長になったんだって」「同じクラスの□□ちゃんはこの前のテストで一〇〇点とったんだって。どうしてあなたは満点がとれないの」というように、人と比べることも、リッパな悪口ですよ。だって、言われた本人は、間違いなく傷ついてますから。

太っている人に「デブ」って、言ったら、悪口ですよね？

本当のことを言って何が悪いの？って言うんですけど、愛がないですよね。

たとえ本当のことでも、言われた人が傷つく言葉は、立派な悪口だし、絶対に言ってはいけません。

悪口は〝言わない、聞かない〟。

そして、悪口を言う人がいたら、毒にやられないように、トットと逃げてくださいね！

一人さんのここがPOINT

悪口は、言うのも聞くのも同罪！

第4章

人とお金を引き寄せる秘密の言葉

人生に奇跡を起こす秘密の言葉

「感謝してます！」

この言葉は、一人さんが創設した『銀座まるかん』のあいさつ言葉です。

「おはようございます。感謝してます！」

「それじゃ、またね。感謝してます！」

（電話では）「感謝してます！　まるかんです」

こんなふうに、あいさつを交わすとき、電話に出るときや切るとき、いろんな場面で使う、日常的な言葉です。

「感謝してます！」は「ありがとう」よりも、もっとパワーのある言葉。

だから、「感謝してます！」は、すごい威力のある魔法の言葉なんです。

こんなことがありました。

あるとき、一人さんのところに「上司に嫌われていて、あいさつすらしてくれない」と相談に来た女性がいました。一生懸命働いているのに、大きな仕事を任せてもらえない。それは上司が自分のことを嫌っているからだと訴えます。

その女性に一人さんはこんなアドバイスをしました。

「いいかい？　明日の朝、上司に会ったら笑顔で〝おはようございます。感謝してます！〟って言うといいよ」

「えっ、イヤな上司に〝感謝してます！〟なんて言えません」

「人間、心で思ってから言うんだとしたら十年経っても、二十年経っても言えないよ。いいかい、心で思ってなくてもいいから、笑顔で〝感謝してます〟と口に出して言ってごらん。おもしろいことが起きるよ」

彼女はまだ半信半疑でしたが、翌日、一人さんのアドバイスのとおり笑顔で上司に「おはようございます。感謝してます！」と言ったそうです。

すると、いつもはあいさつをしてくれない上司が、ちょっとビックリした顔で「おはよう」と返してくれました。

奇跡はそれだけじゃないんです！

その日、彼女が帰ろうとするとその上司に呼ばれ、「新しく立ち上げるプロジェクトのリーダーをあなたに任せたいと思っている。やってみないか？」と、大抜擢を受けたそうです‼

今、彼女はプロジェクトリーダーとして楽しそうにバリバリ働いています。

「感謝してます！」と言うから、「感謝してます！」と言いたくなるようなことが起きる。これが一人さんの言う、『言霊の魔法』です。

いいことがあったら感謝するのは、普通の人。でも実際はいいことなんて滅多に起きないから、普通の人は感謝が少ないのです。ところが感謝しない人を誰も助けてはくれません。神さまも助けてくれません。だから、人生が上手くいかないのです。

どんなことにも感謝できるのが、成功する人。

どんなことにも感謝する人には、感謝する出来事がどんどん起きる。

人も助けてくれるし、神さまも応援してくれる。

感謝が多いから、大成功できてお金持ちになれるのですよ！

一人さんの
ここが
POINT

「感謝してます！」と口に出して言ってみよう！
心では思えなくても、口に出して言えればOK！

人をいい気持ちにさせる秘密の言葉

あるとき、友だちからこんなことを言われてとってもうれしくなりました。

「真由美ちゃんと話していると、しゃべりやすくって楽しいからあっという間に時間が過ぎちゃうわ！」

どうしてそう思ってくれたのかなと考えてみたのですが、私は生まれつきおしゃべりで話をすることが大好きなのですが、人の話を聞くことも同じくらい大好きです。

私が人の話を聞いているときによく口にするのが、「おもしろい！」「楽しいね！」「よかったね！」「スゴいね！」「うける!!」などのあいづちです。

自分の口グセって気づかないもので、そのとき初めて気がつきました（笑）。

さらに、おもしろい話のときには、お腹を抱えて、本当にイスから落ちるくらいに、思いっきり笑っちゃいます。

誰でもそうだと思いますけれど、自分が話しているとき、相手が無反応だったり、聞いているのか聞いていないのかわからないような受け答えだったりすると、なんとなく盛り上がらないですよね。

それに、私の話に興味ないのかな、つまらないのかなと思って、会話も終わっちゃいますよね。

どんな話でも驚いたり、笑ったり、共感してくれたり、わかりやすい反応をしてくれたら、楽しく話せますよね。

カラオケでも、上手に合いの手を入れてくれたり、手拍子をしてくれたり、一緒に歌ってくれたり、踊ってくれたりすると、誰でも、めちゃくちゃ楽しくなって、盛り上がって歌えるのと同じです。

あなたは、どんな合いの手で、相手をいい気分にさせていますか？
ちょっとしたあなたなりの素敵な合いの手を、用意しておきましょう!!

一人さんのここがPOINT

〝人をいい気持ちにさせるいい口グセ〟

自分流のあいづちを、何個か持とう！

好きな人を振り向かせる秘密の言葉

「好きな人の前では緊張して話せないんです……」

「会社の飲み会でせっかく憧れの先輩と隣の席になれたのに、何を話していいかまったくわからなくて……」

これはよくある悩みですよね～。

好きな人が目の前にいると、あれこれ考えてしまって話せなくなってしまったり、取り繕《つくろ》ってしまったり。

でも、本当の問題は、あれこれ考えたところで、相手に気に入ってもらえるかなんてわからないんです。

それよりも、考えすぎている間に、本来のあなたとは違う印象になって、「おとなしい人だな」ならまだしも、「暗い人だな」と思われてしまったり。

あんまり黙って見つめてたら、「何か下心でもあるのかしら、人のことジロジロ見て、気持ち悪いわ」なんて思われたりしたら、思いを告げるどころか、それ以前に、自爆して終わりますね（笑）。

つまり、好きな人を振り向かせる言葉とは、〝普段のままのあなたで話す言葉〟ということなんです。

だって、たとえ取り繕った自分を気に入ってもらえたとしても、後々、それを維持するのは至難のワザです。いつか化けの皮ははがれますよ（笑）。

普通に話している中で、ありのままの自分のことを好きになってくれる人なら、いちばんラクで素敵なお付き合いができると思います。

私の場合、好みのタイプの男性に出会ったときは、「私、すごい好みです」と素直に気持ちを伝えます（笑）。相手が好きになってくれるかはわかりませんが、自分の思いは、確実に相手に伝わります。そうすると、お付き合いする確率はグッと上がります。

言われた相手も悪い気はしないんじゃないかなって思います。だって、モテるって、誰でもうれしいじゃないですか!!

あれこれ考えていないで、素敵な言葉を素直にそのまま出せばいいんですよ。

一人さんのここがPOINT

普段のあなたらしい話し方で話す!
思っていることを素直に言葉にして伝える!

自分に自信が持てる秘密の言葉

「どうしても自分に自信が持てなくて話せません」
「これで本当に大丈夫かなって、不安なんです」
「人と比べると、自分は、話し方が下手だなって、落ち込んじゃって」

いろいろと、自信を持てないことが浮かぶこともあると思います。

誰でも、そんな気持ちは、浮かぶんですよ。

その気持ちがあるから、人は成長することをやめないんです。

ただ、必要以上に自信をなくすのは、自分にとってマイナスでしかありません。

そんなときには、この言葉を一〇〇回言ってください。

《自分はすごいんだ!!》

何がすごいのか、まったくわからなくても、いいんです（笑）。

あなたがスゴいことに、根拠なんていらないんです!!

人間は誰でも、不完璧。今、成長しているあなたは、間違いなく《すごい人》！

一〇〇回言ったときに、自分の体や心から出ているエネルギーが、すごいエネルギーに変わっているのを感じますよ。

一人さんのここがPOINT

自分はすごいんだ!!

一〇〇回言おう!!　あなたは、本当にすごい人!!

第5章

あなたの悩みにお答えします【Q&A】

Q 同僚や先輩とのランチタイムの会話のネタに困っています。その場を盛り上げるには、どんな話をすればいいでしょう？

（20代前半・男性・薬品メーカー）

A 〝ガンバってしゃべらねば症候群〟から抜け出しましょう（笑）。

もし、あなたがその場に本当にいたいと思うのなら、会話のネタが見つからなくても、ニコニコ笑って楽しく話を聞いていたらいいんじゃないかなと思います。

それを、ムリやり話そうとすると、「突然どうしたの？」っていう空気になってしまいがちですよね（笑）。あなたも何か話さなきゃと思って苦しいかもしれないけれど、あんまりガンバってしゃべってると、聞くほうだってツラいです（笑）。そんなときって、実は、お互いにツラいんです。

だから、ガンバって話さなくていいんですよ。

もしかしたら、そこに一緒にいるためには、何かしゃべらなきゃいけないと思っていませんか？

みんなで集まったら、いろんな人がいるから、盛り上げる人もいたり、黙っている人もいたり、おしゃべりな人がいたり、聞いてあげる人がいたり、いろんな人がいていいんです。みんな役割が違うんです。

それを、あなたが、ガンバって盛り上げなきゃ、と思わないでいいんじゃないですか？

それに、あなたは気にしているけれど、おしゃべり好きな人は、自分がしゃべることに一生懸命で、あなたが黙っていても、たぶん、なんとも思っていないんですよ（笑）。

きっとあなたは、「こいつ、しゃべらないな」って思われたりするのが怖くて気を遣いすぎて、**〝ガンバってしゃべらねば症候群〟**になってしまっているのです（笑）。

ガンバってしゃべらねば症候群から抜け出すには、自分の頭の中の、被害妄想をやめることですよ。

それと、もっと言ってしまうと、そもそも、話のネタに困るような人と一緒にいるんだとしたら、それこそツラくないですか？

近ごろ、一人でごはんを食べることを、『ぼっち飯《めし》』なんていうそうです。一人ぼっちでいると、まわりの人から「友だちがいないかわいそうな人」と思われるからと、敬遠する人もいるようです。

ところが、実は、これ、学生さんでも、ＯＬさんの間でも、流行《はや》ってるんですよ。

だから、「ぼっち」はぜんぜん悪くないですよ。もう流行です（笑）。

そう思ったら、**日本だけで、人口が約一億二〇〇〇万人いるんですよ。きっと、あなたと話の合う人が、間違いなくいるはずです。**

あなたが映画好きだろうが、マンガ好きだろうが、フィギュア好きだろうが、電車好きだろうが、学校や社内をぐるりと見渡せば、きっと同じ趣味の話で盛り上がれる人が一人は、必ずいます！　自分がガンバって話す必要のない人が、この世の中に必ずいます！

だから、ガンバってしゃべろうとしたりしないでも大丈夫ですよ。

Q 会社のお昼休みの時間になると、昨日のドラマの話でみんな盛り上がっています。テレビを見ない私はいつも蚊帳《かや》の外になってしまいます……。

（20代後半・女性・OL）

A おもしろそうだなって思ったら、素直な気持ちで一度見てみるといいですよ。

もし、みんなの話を聞いていておもしろそうだなと思ったら、あなたも一回そのドラマを見てみるといいですよね。それだけみんなが盛り上がるドラマだということは、何か魅力があるのだと思います。

その人たちと仲良くしたいなって思うなら、「ドラマの話ばっかりでつまらない」と仏頂面《ぶっちょうづら》をしているよりも、素直な気持ちで興味を持ってみたらいいと思いますよ。

もちろん、イヤだったらムリして見なくていいですよ。

私は、今では、アホほど、K－POPが大好きなんですけれど、最初、友だちのはなゑさん（お弟子さん仲間の舛岡はなゑさん）からすすめられたときに、「そういう男の人が化粧したのムリ」とか、「グループで人数が多くて覚えられない」とか言って、拒否していました。そうしたら、はなゑさんが巨大なDVD BOXを「一回見て♡」と、私に送りつけてきました。

私は、自分で言うのはなんですが、根が素直ないい人間なので（笑）、「大好きなはなちゃんが、これだけすすめるんだから、いいものに違いない。食べず嫌いみたいに、見ないで〝イヤだ、ムリ〟って言うのは、イヤなヤツだよな。とりあえずDVDを一回見よう！　それでもムリだったら、はなちゃんに、ちゃんと言おう！」と思いました。

見たんですね～！　そうしたら、思いっきりハマりました（笑）。

それまでは、空港で韓流スターをお出迎えしているファンの人をTVで見ても、「やだ～、ウチワまで持っちゃって、恥ずかしくないのかな～⁉」と思っていたのに、今では、その方たちの気持ちが、痛いほどわかります（笑）。

何が言いたいかというと、私がそうだったように、**〝人間って、自分の小さなもの**

さしの中で生きてたり、考えてるんだな〟って、ことなんです。

しかも、〝K－POPにハマる人より、私のほうができる女よ〟みたいなオゴった気持ちがあったんでしょうね⁉（笑）。ホントに、イヤな女ですね（笑）。

でも、このことのおかげで、すごい学びました。

一人さんがこう言ってくれました。

「人の好きなものは、絶対にバカにしちゃいけないんだよ。

それと、たくさんの人が、それだけ熱中するものって、必ず、人を引きつける魅力があるんだよ。それを、自分だけの小さい尺度でものを判断すると、新しいことや素敵なことに対する感性が磨かれなくなっちゃうよね。それって、大問題だよ。だから、いろんなことを、自分の知識やエネルギーにしようと柔軟に受け入れることって、すごい大切だよな」

大切なのは、みんながそれだけ興味を持つものには、必ず、みんなを引きつけるなんらかの魅力があるということです。だから、それを知ることは、何か必ず、自分の魅力のプラスになることだと、私は思っています。

そのためには、コンニャクみたいな柔軟な心と、スポンジみたいな吸収する心を、持ち合わせたいですね（笑）。

みんなにムリやり合わせる必要はもちろんないけれど、自分の心に素直になって、楽しんでください！

Q　電話で営業をする際、緊張すると頭が真っ白になってしまい、言葉が出てきません。相手の表情が見えない電話で上手にセールストークをする方法はありますか？

（20代前半・女性・教材営業）

A　断られたら、次の人！　ジャンジャン回数をこなしましょう!!

どんな仕事でもそうですけれど、上手になるためには、上手になるまでやるしかありません。

それは、あなたの電話の仕事だけではありません。どんな仕事も、上手になるためには、回数をこなすしかないんです。

最初は、誰でも、上手になんてできないんです。頭の中が真っ白になってもいいんです。言葉が上手く出ないでモゴモゴしていたら、お客さまから何回も断られると思います（笑）。

でも、大丈夫ですよ。それでいいんです。その断られた回数が、あなたを成長させてくれるんです。あなたが、こなした数の分だけ、確実に上手になっていきます。

それと、もう一つ、上手くなるためにやって欲しいことがあります。

すごく売れている人の電話の仕方を、マネしてみてください。上手くいってる人の、いいところをマネすることは、何よりも上達する近道です。

その人の、最初に電話をかけるときの声のトーン、第一声はどんな言葉を発しているのか、表情はどうか。そうやって見てみると、電話をかけているときもニコニコ笑顔で話しているとか、セールストークだけではない魅力がいっぱいあるはずです。

実際の話、相手に見えないからって、仏頂面は絶対にNGです。

それって、不思議なんですけれど、必ず電話のむこうの人に伝わってしまうんですよ。気をつけるためにも、いつも自分の前に鏡を置いて、笑顔で電話できているか、表情管理することをおススメします。

それと、どんな仕事でもそうですけれど、〝この仕事は、すごいトクだ!!〟って、思わないといけませんよ。〝この仕事はソンだ〟〝この仕事はツライ〟って思いながら、楽しく仕事することなんて、できませんからね（笑）。

なんでもいいから、自分に都合よく〝この仕事はトクだ〟って、思ってください。いいですか、実は、電話の仕事って、すごいトクなんですよ。

だって、言うべきことを書いたメモを見ながら話すことができるんですから！　対面だったら、メモを見ながら話すことなんてできません（笑）。それに、玄関を開けてもらうことすら大変です。

それが電話なら、相手に出てもらえて話せるんですよ。しかも、ダメなら相手にブツッと切られるだけです。そう考えたら、すごくラクですよ。ありがたいですね。

マイナスのことを考えて、どんどん暗くなるのはやめて、どんなことも、自分に都合のいいほうに考えてみてください。

一人さんは言っています。

「好きな人にフラれたら、泣いてる場合じゃないよ。すぐ、次の人だよ」

それと同じです（笑）。

電話も断られたら、次の人！　どんな仕事でも、上手になるためには、次！　次！

だから、クヨクヨしているヒマはありません（笑）。どんどんやっていきましょう!!

きっと、あなたは、素晴らしい電話の営業さんになると思いますよ。

◆◆◆◆◆◆◆◆◆◆◆

Q　同年代の取引先の人と仲良くなりたいけれど、気を遣いすぎてしまい打ち解けられません。仲良くなれる話し方ってありますか？

（30代前半・女性・事務職）

A　〝最高に感じのいいあいさつ〟から始めましょう！

◆◆◆◆◆◆◆◆◆◆◆

馴れ馴れしすぎると失礼だし、距離をおきすぎると仲良くなれないし……。

そんなふうに、どうやって距離を近づけたらいいのかわからないというお悩み、意外と多いんですよね。

気を遣うことって悪いことではありません。気を遣わずズケズケ物を言って、人の心を傷つける人より、はるかにマシですから！

でも、本当に、仲良くなりたいと思うなら、必要以上に気を遣って、〝好かれよう〞と思っちゃダメですよ。だって、好かれようと思ってずっと話してたら、疲れてしまうじゃないですか（笑）。

そのままの自分で話せばいいんです。

本来、仲良くなれる人とは、同年代だろうが、年下だろうが、年上だろうが、異性だろうが関係なく、仲良くなります。逆に、仲良くなれない人とはいくらガンバっても、好かれようとして話しても、仲良くならないようにできています。

といっても、仲良くなる以前に、たぶん何を話していいのかがわからないんだと思うんですね。

そこでです！

いちばん簡単な会話は、まず〝感じのいいあいさつ〞です。それから始めましょう。

あんまり知らない人から、突然、いろんなことを話しかけられたら、誰でも、ちょっとビックリしますよね。

それが〝あいさつ〟なら、知らない人からされても、そんなにオドロかないし、その上、たいていは、あいさつを返してくれます。

そして、それが何回か続いていくと、「おはようございます。今日もステキですね！」などの一言が添えられるようになり、そこからちょっとずつ会話が増え、仲良くなっていけると思いませんか？

ただし、そのときのあいさつは、〝最高に感じよく〟が、絶対条件です！

だって、仲良くなりたいんですよね!?

だとしたら、〝最高に感じのいいあいさつ〟で、お願いします！

最高の笑顔を添えて、最高の声の明るさで、最高に元気な声で、「ありがとうございます」「こんにちは」「さようなら」「いつもお世話になっています」「失礼します」「よろしくお願いします」、あいさつのバリエーションだけで、ずいぶんたくさんありますよね！

ここだけの話ですけれど（笑）、あいさつって、できていそうで、意外と〝最高に感じのいいあいさつ〟の人っていないんですよ。
だから、それをするだけで、他の人より、あなたはグッと魅力的になります！
あなたに対する印象や、イメージがぐんと上がること間違いなしですよ。
誰でも、仲良くなりたいのは、〝素敵な人〟なんですから！
あいさつで、〝最高に感じのいいあなた〟になってください！

Q　怒鳴ったりする怖い上司の前では萎縮《いしゅく》してしまい、自分の意見を上手く伝えられません。どうすれば伝えられるようになりますか？

（30代前半・男性・ゲーム会社）

A　怖い人の前で萎縮してしまうのは、当然です。でも、問題は、あなたから出ている〝ビクビクオドオドビーム〟です（笑）。

誰だって、怖い人の前では萎縮して言いたいことを言えなくなってしまうのは当然です。私だって、怒鳴る人は、怖いです。だから、あなたは正常です（笑）。

でも、もしその上司があなたにだけ怒鳴るのなら、あなたにも何か原因があるとは思いませんか？

つまり、上司の〝怒りのツボを刺激する〟何かがあなたにあるのです。

いじめと一緒なんです。もちろん、いじめるほうが、絶対に悪いんですよ。けれど、いじめる人といじめられる人、その二人がマッチしているからいじめが起こるのです。だって、いじめる人が全員をいじめるかというと、そうではないんですよね。

そうすると、なんで自分はいじめられるのだろうと考えてみる。

同じように、怒鳴ったりする人のほうが、絶対に悪いのです。

だって、怒鳴ったりして相手を怖がらせなくても、伝える手段はあるのですから。

でも、自分だけがなぜ、いつも怒鳴られるんだろう？と一度考えてみてください。

そうなんです。

あなたから、〝ビクビクオドオドビーム〟が出ているんです（笑）。

不必要に〝ビクビクオドオドビーム〟が出ていると、間違いなく、それに見合った出来事しか、引き寄せません。

それは、自然界でもライオンが、群れになった動物の中から、いちばん弱っている一頭を見抜いて、襲うのと同じことです。

では、その自分から出ている〝ビクビクオドオドビーム〟を変えるのには、どうしたらいいのか。

それには、166ページでも紹介した、自分に自信が持てる言葉を言ってください。

「自分はすごいんだ!!」。これを一〇〇回言う。

そうすると、自分から出ているエネルギーが〝ビクビクオドオド〟から、〝自分はすごいんだ!!〟に変わり、不思議なくらい起こる現象が変わります。

前よりも部長が怖くなくなったり、怒られたとしても、「ありがとうございます。がんばります!」という言葉が出てきたり、自分の受け止め方が変わってきます。

そして、いちばん不思議なのは、自分から出ている波動が変わると、相手の態度が変わることです。

よくありませんか?

小さいときに大好きだった公園に、大人になってから行ってみると、すごく大きいと思っていたすべり台がものすごく小さくてオドロいたこと。

それと同じです。自分が大きくなると、それがとても小さなモノに見えるんです。

必要以上に萎縮するのは、相手を巨大なモンスターのように見ているだけ。

自分がすごい人になって、大きいエネルギーを出せば、必要以上に萎縮したりすることは、なくなりますよ。

◆◆◆◆◆◆◆◆◆◆◆

Q 融通が利かなくて、頭の固い上司と話が上手く嚙み合いません。そんな上司と上手く話す秘訣を教えてください!

（30代前半・女性・事務職）

A 「上司が福山雅治だったとしたら?」と考えてみましょう!

◆◆◆◆◆◆◆◆◆◆◆

いいですか? きっと上司もあなたのことを苦手だなと感じていると思います(笑)。こういう空気感って伝わるんですよね。

「部長って本当に頭にきちゃう」とかってブツブツ言いながら仕事をしていると、部長にその言葉は聞こえていなかったとしても、その思いは、間違いなく伝わります。

そうすると、部長は間違いなくあなたを、仕事を頼みづらい人と思います。

だから、会話が弾むわけがないのです。

でも、その上司と、上手く話したいと思っているのですよね？

それなら、とっておきの方法があります。


その上司をあなたの大好きな芸能人だと思ってみてください。


たとえば、あなたの上司が、リアル福山雅治だったとしたら、どんなに融通が利かなくても、どんなに頭が固くても、許しませんか⁉（笑）

きっと、「一本筋が通っていて（⇩融通が利かない）、芯が強くて（⇩頭が固い）ステキな上司だわ♡」と思うことでしょう（笑）。

嫌いだけど、ガンバって好きになろうではダメなんです。それには、我慢がともなってしまいます。我慢からは、恨《うら》みしか生まれないと、一人さんは言います。

それよりも自分が楽しくなることを考えましょう。

上司が本当の福山雅治さんになることはありません（笑）。でも、そう想像して、自分が楽しく仕事ができればＯＫなんです。

上司も、ゴキゲンなあなたを見て、きっとうれしいと思いますよ。もし、上司が憧れのあの人だったら、と考えたら、毎日会社に行くことが楽しくなるし、話をするのも、楽しみでワクワクしちゃいますよね！

そんなふうに楽しい空気を出していると、今までの苦手意識がどこかに飛んでいっちゃっていることに、気がつきますよ！

◆◆◆◆◆◆◆◆◆◆

Q　なんとなく苦手と思う人とソツなく話す秘訣とは？

（20代後半・女性・商社）

A　去り際をキレイにしましょう！

◆◆◆◆◆◆◆◆◆◆

誰でも、なんとなく苦手だなと思っている人なんていっぱいいると思います。

話をしていて盛り上がる人、盛り上がらない人。楽しい人、普通の人、つまらない人。何も話さなくてもずっと一緒にいられる人、なんだか居心地の悪い人。自分の中にも、いろいろな括《くく》りの人がいるのが普通だと思います。

特に、会社ではたくさん人がいる中で、よく飲みに行く人もいれば、一回も飲みに行ったことがない人もいますよね。

だから、そんなに、気にすることじゃないと思います。

ただ、あんまり、苦手意識は持たないほうがいいですよ。

苦手だなと思う気持ちは、相手に必ず伝わってしまいますから。

苦手だと思わずソツなく話すには、お天気の話だったり、ニュースの話だったり、当たり障りのない会話でいいんじゃないかなと思います。

普通に会話をしていて話をすることがなくなったら、「約束があるので、ごめんなさい」とか「じゃあ、行きますね！」とか、さわやかに立ち去ればいいんです。

がんばって、なんとかその場で話をしようと思うからツラいんです。たぶん、それはあなただけじゃなくて、お互いさまですよ。

だから、去り際をキレイにしましょうね！

Q　メールで意思伝達するのは得意ですが、会議で意見を求められると上手く自分の思いを伝えられません。会議など大勢の場で上手に意見を言うコツはありますか？

（20代前半・男性・広告営業）

A　腹筋をつけるには筋トレをするしかないように、とにかく人前で話す場数を踏みましょう！

メールが得意って、スバラシい才能だと思います！

メールの文章は考える時間があるけれど、人前だと「早く答えなきゃ」とか思って、考えがまとまらなかったり、緊張して言葉が出てこなくなったりしてしまうのでしょうね。

でも、たいてい誰でも、急に指名されて、みんなの前で上手に話すことなんてできないと思いますよ。できる人のほうが少ないと思いますよ。

そんなときでも上手に話せる人は、人前で話す機会が多くて場慣れした人だったり、生まれ持った才能だったりするのです。

だから、ぜんぜん気にすることじゃないですよ。

それに、メールで意思伝達することができない人だっているのですから。

もし、会議で自分の意見を上手く伝えられなかったなと後悔しているなら、あなたの得意な、そのメールという才能を使って、文章にまとめて後から提出したらいいと思います。

そして、大勢の前で上手に話すコツはただ一つ。

大勢の前で何回も話すしかないのです。

最初は二、三人の前で話すことだって緊張すると思います。

私も最初に一人さんから、みんなの前で自己紹介をするように言われたときでさえ、めちゃくちゃ緊張しましたから(笑)。でも、「やらなきゃいけない」と覚悟を決めてやっていけば、どんなに下手でも、回数をこなすうちに絶対に上手になっていくのです。

もう、これは腹筋と一緒です（笑）。腹筋をつけたかったら、筋トレをするしかない。話が上手になりたかったら、人前で何回も話すしか方法はないのです。

Q 特に世代の違うお客さまとの商談の合間の雑談で、何を話していいかネタが思い浮かびません。どんな話をすればいいのでしょうか？

（30代前半・男性・住宅営業）

A ネタを探すより、相手に興味を寄せよう！

お魚だって、どんなエサでも喜んで食べるワケではありません。ちゃんと好きなものをエサにしなければ、食いついてくれません。どんなエサが好きか、なんというお魚か、情報を収集しなくてはいけません。人間だって、同じです。話ならなんでもいいんじゃないですよ。

ちゃんと、相手のことを観察して、相手に興味を寄せたら、その人のいろんなところに、その人の情報が盛り込まれているんです。

たとえば、ネコのブローチをしていたら、ネコ好きなのかな〜って、わかりますよね。そうしたら、聞いてみたらいいんです。

「ステキなブローチですね。ネコお好きなんですか？」

「ネコが大好きなんです。二匹飼っているんですよ」

「お名前はなんていうんですか？」

というように、こちらが関心を寄せると、相手の好きなことなら、会話が自然に盛り上がりますよね。それは世代が違っても同じです。

必死に絞り出したネタは、答えるほうもツラかったりするものです。

だから、相手がお客さまだからといって、必死にネタを考えたり、何か一方的に話さなきゃと思ったりしても、話が盛り上がらないんですよね（笑）。

一人さんは、知らない人でも年齢も性別も関係なく、どんな人とでもいつも自然に会話が盛り上がって仲良くなります。

青森を旅したときは、イカ屋さんでイカを焼いているおばちゃんと「イカは今年はどう?」「今年はイカの当たり年で、けっこう大きなイカが獲れるのよ」なんて、楽しくイカ談義に花を咲かせていました。

特別な話をしているというよりは、その人に興味を持って愛情や思いやりの気持ちで楽しそうに聞いているんですよね。

人間はやっぱり、自分に関心を寄せてもらうとうれしいし、聞いてくれる人のことを好きになるのです。

だから、必死になってネタを探すよりも、大切なのは、目の前にいる人のことを知りたいという〝愛情と思いやり〟だと思います。

その気持ちを持って接してみてくださいね。きっと楽しい会話ができますよ。

特別企画

“話さなくても”お金持ちになれる究極の方法

〜まだまだ話し方に自信を持てないあなた〜
〜まだまだ会話が上手にできないあなた〜
〜また挫折してあきらめてしまいそうなあなた〜

会話が上手くならなくっても、
話さなくても、お金持ちになれちゃう
“究極の方法”を教えます！

今この特別企画を読んでくださっているということは、もしかしたら、「この本を読んで、いろいろ試してみたけれど、なかなか上手く話すことができない」

「まだまだ、話し方に自信が持てない」

「会話が上手くなれた気がしない」

「やっぱり自分は、話し上手になれないんだ。ダメだ」

なんて思って、落ち込んでしまっているんじゃないですか⁉

この本を書くにあたって、最初に思ったことがあるんです。

〝会話って、本当に上手くならないと、いけないものなんだろうか?〟(笑)

だけど、それを言ったら、この本が出版される意味がなくなってしまうんですけれど、ずーっと、私の中での疑問でした。

だって、「不器用ですから」と言って、かなり無口な高倉健さんは、世界的な大人気俳優さんになりました。だから、無口でも成功できるんです。

話が上手いに越したことはないですけれど、それだけじゃないし、それを超えるものが、本当はあります。

それを、私は、一人さんから、いっぱい学んできました。

だから、今、このページを読んでいるあなたに、伝えたいんです！

会話が、あんまり上手になっていなくても、自分がダメな人間だとか、がっかりして、挫折した気持ちに、絶対なって欲しくないんです!!

そんな気持ちになってしまうのなら、この本を買わないほうがよかったってことになっちゃうじゃないですか!!

いいですか！

ここからの方法は、本当の、幸せなお金持ちになる方法です！

話し方がぜんぜん上手くならなくても、言葉を発しなくても(!?)、大丈夫な〝究極の方法〟をお教えします!!

ここに書いてあることさえちゃんと実践できれば、むしろ会話なんてぜんぜんできなくてもいいですよ。

自分を責めたり、自分にダメ出ししたりするのはもうやめにしましょう。

人見知りでも、話し下手でも、何を話していいかわからないという人でも心配ありません。

ここに書いてあることをやれば、間違いなく人から好かれてお金持ちになれます!!


だから、一つだけお願いです。

人間だけが神さまからいただいた、素晴らしい才能である〝会話〟!!

その〝会話〟を楽しむことを、嫌いにならないでくださいね。

あなたが、ますます素敵になって、出会う人出会う人と、楽しい時間を過ごせることを、心から願っています!!

自分の扱いがいきなりＶＩＰに変わる究極の方法!

実は、会話よりも何よりも、大切なのは、〝見た目〟です。

一人さんは、出会ったときからずっと言っています。

「〝カッコばかりつけるな〟じゃないんだよ。カッコぐらいつけろよ（笑）。

人間って、〝見た目〟が一〇〇%なんだよ。

どんなに心の中が美しくっても、見えないんだから。心の中が美しいなら、人からそう見えるような〝カッコ〟をしなくちゃダメなんだよ。

会話だってそうだよ。素敵な人がいたら、一緒に話したいなって思うだろう。

それが、髪はボサボサ、なりふりかまわない人だったら、一緒にいるのもイヤだし、話だってしたいって思わないだろう？

人間ってさ、素敵な人と仲良くなりたいんだよ。素敵な人と話したいんだよ。

その気持ちがわかってないから、人生が上手くいかないんだよ」

特に初対面の人と会話をする場合、どんな人なのかという判断材料は〝見た目〟しかありません。あなたが人を見た目で判断するように、相手もあなたのことを一〇〇%見た目で判断します。

たとえば、一流ホテルに普段着で行ったときと、キチンとオシャレをして行ったときでは、係の人の対応は、絶対に違います。
オシャレをしていると、**一言も発しなくても認めてもらえるんです!!**

反対に、どんなにあなたが英語を話せようが、おもしろい会話ができようが、お金を持っていようが、ボロボロの格好をしていたら、ホテルにも入れてもらえないかもしれません。

それは相手の反応だけではなくて、自分もオシャレをすることで、自然と、自信に満ちて堂々として、立ち居振る舞いまで変わります。もちろん、あなたから出るオーラまで違います。

中身は同じなのに、見た目が変わるだけで、相手の反応も自分の心のあり方も、一八〇度ガラリと変わるのです!

まるで、宝物を扱うのと、粗末なゴミを扱うくらいの差が出るんです!

会話をしているとき、相手と自分を比較して、自分は相手より下の人間だと卑屈に思っていると、言いたいことが言えなくなってしまいますよね。

その判断基準も、実は〝見た目〟なんです。

本当は、会話力なんて、そんなに大差ないんですよ。

いろんなことで、相手の〝見た目〟と自分の〝見た目〟を比較して、強弱を勝手に、自分の中で値踏みしているだけ。

だから、自分を、日陰の花みたいなみすぼらしい人に、勝手にしないで欲しいなって思います。

もっと、会話力を磨く前に、〝見た目〟を磨いて欲しいんです！

でも、これを最初に書いたら、「〝話し方〟の本なのに、どうしたの？」って、なりますよね（笑）。

でも、本当は、このことが先なんです。

公園デビューやママ友とのランチで、上手く会話に入っていけないという人がいるとします。

いつもは、おとなしい彼女に話しかける人もあまりいないとします。

そんな彼女は、「何を話したらいいかな？　どんな話をしたら、会話に入っていけるかな？」と、そんなことを考えているけれど、なかなか会話に入れないとします。

その彼女が、全身シャネルのスーツで、メイクもバッチリ、髪もキレイにセットして、バッグもシャネルで決めて登場したら、どうでしょう⁉

たぶん、一言も発しなくても、ものすごい存在感だと思いますよ（笑）。

いつもは、自分に自信がなくて、後ろのほうに隠れたようになっていたのが、同じ後ろにいても、何も話さなくても、ただ微笑んでいるだけで、十分に存在感を放つはずです（笑）。きっと、みんなは、どんどんその彼女に話しかけると思いますよ（笑）。

「今日はどうしたの？」「ステキ！」「スゴいわ！」

間違いなく、その彼女は、会話の中心になっていますよ。


この話は、とてもオーバーですけど、わかりますか？

本当は、〝見た目〟を変えると、会話なんて一つも上手くならなくても、人から見たあなたのイメージが変わり、あなたに対する態度が変わり、あなたの人生が変わるんです。

あなたが何歳だろうが、女性だろうが男性だろうが、太っていようがやせていようが、社長だろうが、平社員だろうが、専業主婦だろうが関係ありません。

本当に幸せになりたかったら、あなたの〝見た目〟を変えるんです。


でも、シャネルを買うお金なんてない?

「お金がないからオシャレができない」というのは、ただの怠け心ですよ。ただの、人生の敗北者の言い訳。と、私は思っています。

私は学生時代、オシャレはすごく好きだったけれど、オシャレにかけられるお金がほんの少しのバイト代しかありませんでした。だから、雑誌に載っている素敵な服を見ると、それに似た〝安いけれど高そうに見えるカワイイもの〟をいっぱい歩き回って探していました。でも、今はめちゃくちゃ安くても、オシャレなものがいっぱいありますよね。五〇〇〇円でもドレスみたいな洋服が買えたり、一〇〇〇円ぐらいでも「これって、シャネル!?」みたいなバッグやアクセサリーも売っていたりします。

お金をかけないで、あなたが素敵なオシャレをしていたら、それこそみんなから、「すごい!! 教えて!」「どこで売ってるの?」と、めちゃくちゃ人気者になります。

そうしたら、勝手に会話が盛り上がるんですから、会話が上手じゃなくったって、ぜんぜんかまわないんですよ（笑）。

みなさん、わかりましたか？

本当に〝見た目〟なんです。

私は、**『斎藤一人・宮本真由美　芸能人より目立つ!! 365日モテモテ♡コーディネート♪』**（http://ameblo.jp/mm4900/）というタイトルで、一人さんの教えとオシャレについて毎日ブログを更新していますが、実際に、こんなことがありました。

とあるコンサート会場で、私に声をかけてくれた女性がいます。

「私、真由美さんの大ファンなんです！　ブログ、大好きで毎日見てます！　一緒に写真撮っていただけますか？」

いいですか？　この女性と私は、初対面です。一回も会話したことはありません。

それでも、私がオシャレしているブログを見てファンになってくれたんです。

ね！　会話力の問題ではないんですよ！

人間はキレイなものが好きなように、生まれついているんです。

そして、〝見た目〟で判断するように、生まれついているんです。

会話力も大切です。でも、それよりも、〝誰がしゃべるか〟なんです。
素敵な人が話すのか、そうじゃない人が話すのか。
あなたが、会話でダジャレを磨くよりも、オシャレを磨いてください（笑）。
「〝ダジャレ〟より〝オシャレ〟」（笑）
そのほうが、よっぽど、簡単に「あなたとお話ししたい！」と思ってもらえますよ。

カッコもつけないで上手くいくほど、人生は甘くないです。

でも、カッコつけると、人生は、オドロくほど簡単に上手くいきます!!

これが、本当の「会話が一つも上手にならないでも、人生が上手くいく〝究極の方法〟」です!!

よかったら、私のブログもオシャレの参考にしてみてくださいね。

究極のPOINT

会話力を上げるのは、ぜんぜん後でいいです（笑）
その前に〝見た目〟を変える！

人生がたちまち開運する顔になる究極の方法！

顔のつくりは、それぞれの個性ですから、いいんです。

それよりも、まず、男性も女性も、人生がうまくいく開運の顔にするために、いちばん大切なことは、**〝顔にツヤがあること〟それと、〝お肌がキレイに見えること〟です。**

顔にツヤがあるだけで、若く見えます。ひからびた老け顔では、モテるワケがありませんね。

それと、人相も見ることができる一人さんによると、なんと言っても、ツヤがない顔では、絶対に成功できないそうです。テレビに出ている人気のある人、商売が成功している人は、みんな共通して、顔にツヤがあります。

そして、さらに、〝お肌がキレイに見える〟お化粧をすると、まわりの人からの扱いが、ビックリするほど変わります。

今、社長仲間の舛岡はなゑさんが、舛岡はなゑ開運メイクアップ・アカデミーを開講して、大人気になっています（詳しくは、『斎藤一人・舛岡はなゑ　ふとどきふらちな女神さま』http://ameblo.jp/tsuki-4978/を、ごらんくださいね）。

そこでは、〝誰から見てもナチュラルなのに、陶器のようなキレイな肌〟が、男性でも女性でも、マスターできるんです。

ある女性が、開運メイクをマスターしてから、銀行や郵便局に行ったときに、オドロいたそうです。今まで、何百回と行っていたのに、それまでは、誰も自分に見向きもしてくれなかったのに、突然、係の人の対応がＶＩＰ扱いになったそうです！

顔立ちは好みがあります。でも、キレイなお肌は、男性も女性も、誰もが憧れます。

そして、会話の上手さや楽しさはしゃべらないとわかりません。でも、キレイなお肌は、見れば一瞬でわかります。

「顔は、口ほどに物を言う」ですね（笑）。

究極の
POINT

顔にツヤを出そう！
お肌をキレイに見せよう！

あなたの印象が簡単に変わる究極の方法！

人の印象を大きく左右するのは、なんだと思いますか？

それはズバリ、『髪型』です！

特に男性は、アクセサリーもほとんどつけないし、メイクもお肌と眉を整えるくらいでオシャレを楽しめる部分がとても少ないですよね。

もちろん、女性にしても、いくらバッチリメイクをしてステキな洋服に身を包んでいたとしても、髪型が古くさかったり、髪の毛もとかさないで、ボサボサであばら家みたいだったりしたら、誰からどう見ても、ザンネンな人です。

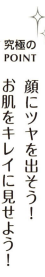

長い髪の毛を、バッサリと切ると、ものスゴい印象が変わります。

男性なら、丸坊主にしたら、そうとう印象が変わります。

髪の毛の色を明るくするだけで、印象が変わります。

それだけ、髪型は、顔のつくりと同じくらい、その人のイメージを作るものなんです。

逆に、顔はメイクでいろいろと変えることができるけれど、意外と髪型は変えないで、長年同じスタイルのままという人が多いです。

それでは、全体のイメージが固定されたままですよね。

自分の印象を変えたいと思うなら、まずは、ヘアスタイルをチェンジしませんか？

美容師さんの選び方は、自分のまわりで、いつも素敵なヘアスタイルをしている友だちがいたら、その美容師さんを紹介してもらうといいと思いますよ。

究極のPOINT

新しい自分にイメージチェンジをするなら〝髪型〟をチェンジ！

あなたがいるだけで楽しいと思ってもらえる究極の方法！

「楽しい会話」というと、どんな話をしようかなって考える人がほとんどですよね。

でも、一人さんの言う楽しい会話は違います。

「楽しい会話はね、笑顔から生まれるんだよ。

笑顔でいるとその場の雰囲気がパッと明るくなって、自然と楽しい会話が生まれるよ」

本当にその通りですね!!

つまり、一円もお金をかけずに、笑顔でいるだけで、楽しい会話が生まれるのです。

自覚はないかもしれませんが、会話をしているとき無表情になっていたり、怖い顔になっちゃってる人って、意外と多いんですよ。

それって、話している人からすると、「私と話していてもつまらないのかな?」「何か怒らせるようなことを言ってしまったかな？」と不安になっちゃう顔なんですよ。

あなたも、そんな経験ありませんか？　それじゃあ、会話を楽しめませんよね。

顔の『表情』は自分できちんと管理しましょう。

不機嫌すぎる表情をしている人は、管理不行き届きで逮捕したいですね（笑）。

会話が上手じゃなくても、笑顔の人は、そこにいるだけで、場が和みます。

会話は上手だけど無表情の人と、会話はそんなにないけれどニコニコ笑顔の人だったら、あなたは、どっちが好きですか？

ね！　笑顔の勝ちなんですよ!!

究極のPOINT

会話上手よりも、笑顔上手！

笑顔があれば、会話がなくても大丈夫！（笑）

究極の方法！　会話しなくてもいいワザ①

会話力がなくってあんまり自分が話さないんだとすると、どうしても、相手の話を聞く側になりますね。

それなら、相手に気持ちよく、たくさん話してもらったら、いいですよね⁉

もし、あなたが話しているとき、仏頂面をしてウデなんか組んじゃって聞いている人と、話に合わせて、うんうんってうなずきながら聞いている人だったら、どっちの人が話しやすいですか？

もちろん、うなずいている人ですよね！

そうです！　うなずくことは、最高の会話をしなくてもできる究極のワザなんです。

それも、笑顔でうなずいてくれちゃったら、最高ですよね！

大勢で飲んでいるときでも、あまりしゃべらなくてもニコニコ笑って人の話をうんうんってうなずきながら聞いている人って、一緒にいて楽しいですね。

それに、そういう人は、何もしゃべらなくても、存在感があるから不思議です!!


一人さんがとっても、ステキな話をしてくれました。


「〝うなずき〟は、幸運を呼び寄せる打ち出の小槌なんだ。

うなずくとき、首をタテに振るよな。これって、打ち出の小槌を振って、宝物がいっぱい出てくるときと同じ動きなんだよ。

人の話を一生懸命聞いてくれる人のことを嫌いな人なんていないだろう?

だから、人の話を聞くときに、〝うんうん〟って、うなずきながら聞くといいんだよ。人間は人から好かれたら、人生が上手くいかないワケがないんだよ」

私はこの話を聞いて、思いっきり〝うんうん〟とうなずいてしまいました!(笑)

うなずきには他にもすごいパワーがあって、首をタテにうんうんと振っていると、体の免疫力もアップするそうです。反対に、首を横にイヤイヤって振っていると、体の免疫力が下がってしまうそうですよ。

自分の持っている打ち出の小槌をしっかり振って、宝物をいっぱい手に入れて幸せになりましょうね！

究極のPOINT

うんうんと笑顔でうなずく！

究極の方法！　会話しなくてもいいワザ②

人は誰でも褒められるとうれしいですよね。

一人さんは〝褒める〟ということについてこんなふうに教えてくれました。

「神さまが人間に与えた最高の才能は、〝人を褒める〟ことだよ。

でね、オモシロいのは、自分が人を褒めれば褒めるほど、自分が人から褒められることが増えてくるようになってるんだよ」

褒めるって、スゴい才能なのです。

でも、「人を褒めるのはなかなか難しい」とそう思っている人がいます。

また、「どうやって相手を褒めたらいいか、わからない」「気の利いた言葉がなかなか見つからない」という人も、多いようです。

褒め慣れてないことで、おべっかに思われたり、素直に受け取ってもらえなかったりした苦い思い出もあるのかもしれませんね。

そんな褒め下手な人にもおススメな、褒めテクニックがあります！

それが、『拍手』です。

これなら言葉を一言も発することなく、相手を褒めることができます！

拍手をしてもらって怒る人って、私はいないと思うんです（笑）。

それとスゴいのは、拍手は、世界共通ですからね。年齢、性別、国籍を問わず、誰もが知っています。

拍手って、うれしいですよね。拍手されると、自分が賞賛されているいい気分になりますからね！　だから、拍手は、最高の会話をしないでもできる褒めテクニックです（笑）。

タイミングよく拍手ができるようになったら、次は「〇〇さん、その意見いいですね」「〇〇さん、さすがですね」という言葉を、拍手に添えてみてください。

それだけで、褒め上手なうえに、会話上手になっていますよ！

成功しない人は、自分が、褒められよう褒められようとする人。

成功する人は、人を褒めよう褒めようとする人。

あなたは、身近にいる人をいっぱい褒めてあげてください。

褒め言葉が見つからなかったら、まずは誰よりも大きな拍手であなたの気持ちを伝えてくださいね。必ずあなたの愛が届きますよ。

究極のPOINT

褒め言葉に困ったら、拍手で褒める！

自分がものすごいいい人になる究極の方法！

口に出さないでかまいません。

あなたが出会った人、すれちがった人に、心の中で、こう唱えてください。

「この人に、すべてのよきことが雪崩《なだれ》のごとく起きます」

私が、「お金持ちになりたい」と、一人さんに言ったら、いちばん最初に教えてくれたことが、この言葉です。

「貧しい考えのままで、お金持ちには、絶対になれないんだよ。いちばん豊かな考え方って、人の幸せまで願っちゃう考え方だよ。これを、一日一〇〇人、千日やってごらん」

何が違うかというと、言い出すと、いちばん自分が変わります。

自分がものすごいいい人になった気がします。で、続けていると、本当にまわりの人から、「真由美ちゃんって、優しいね」とか「いい人だね」って言われ出しました。

究極のPOINT

人の幸せを願おう！
「この人に、すべてのよきことが雪崩のごとく起きます」と心の中で唱える！

さいとうひとり公式ブログ
http://saitou-hitori.jugem.jp/
一人さんが毎日あなたのために、ついてる言葉を、日替わりで載せてくれています。ぜひ、遊びに来てください。

お弟子さんたちの楽しい会

♥斎藤一人　一番弟子――――――――――――――柴村恵美子
恵美子社長のブログ　http://ameblo.jp/tuiteru-emiko/
恵美子社長のツイッター　http://twitter.com/shibamura_emiko
ＰＣ　http://www.shibamura-emiko.jp/

♥斎藤一人　柴村恵美子の楽しい公式ホームページが始まりました！
http://shibamuraemiko.com/

♥斎藤一人　感謝の会――――――――――――――会長　遠藤忠夫
http://www.tadao-nobuyuki.com/

♥斎藤一人　ふとどきふらちな女神さま――――会長　舛岡はなゑ
http://ameblo.jp/tsuki-4978/

♥斎藤一人　人の幸せを願う会――――――――会長　宇野信行
http://www.tadao-nobuyuki.com/

♥斎藤一人　芸能人より目立つ‼ 365日モテモテ♡コーディネート♪
――――――――――――――――――――――――――会長　宮本真由美
http://ameblo.jp/mm4900/

♥斎藤一人　今日はいい日だの会――――――――会長　千葉純一
http://www.chibatai.jp/

♥斎藤一人　今日一日奉仕のつもりで働く会　会長　芦川勝代
http://www.maachan.com/

♥斎藤一人　ほめ道――――――――――――家元　みっちゃん先生
リニューアル中

ひとりさんファンのみなさまへお願いです

「まるかん」では、お買い上げの金額によって、ステキなキラキラペンダントを、「まるかん仲間」の象徴として、プレゼントしています。

このキラキラペンダントに特別な力を期待して、商品をお買い上げになっても、そのようなことはありません。

万が一、キラキラペンダントの不思議な力を期待して商品をお買い上げになった方は、商品をお返しいただければ（未開封・消費期限内のもののみとさせていただきます）、お金を全額お返しいたします。ご遠慮なくお申しつけください。

商品を購入したお店に返しづらいようでしたら、本部までご遠慮なくお知らせください。

［商品お客さま窓口］
0120-497-285

ひとりさんファンの集まるお店

全国から一人さんファンの集まるお店があります。みんな一人さんの本の話をしたり、ＣＤの話をしたりして楽しいときを過ごしています。近くまで来たら、ぜひ、遊びに来てください。ただし、申し訳ありませんが、一人さんの本を読むか、ＣＤを聞いてファンになった人しか入れません。

新店住所：東京都葛飾区新小岩1-54-5　１階　電話：03-3654-4949
行き方：ＪＲ新小岩駅南口のルミエール商店街を直進。歩いて約３分
営業時間：朝10時から夜８時まで。年中無休

ひとりさんよりお知らせ

今度、私のお姉さんが千葉で「ひとりさんファンの集まるお店」というのを始めました。
みんなで楽しく、一日を過ごせるお店を目指しています。
とてもやさしいお姉さんですから、ぜひ、遊びに行ってください。

行き方：ＪＲ千葉駅から総武本線・成東駅下車、徒歩７分
住所：千葉県山武市和田353-2　電話：0475-82-4426
定休日：月・金
営業時間：午前10時～午後４時

各地のひとりさんスポット

ひとりさん観音：瑞宝山　総林寺
住所：北海道河東郡上士幌町字上士幌東４線247番地
☎01564-2-2523
ついてる鳥居：最上三十三観音第二番　山寺千手院
住所：山形県山形市大字山寺4753　☎023-695-2845

観音様までの楽しいマップ

●**ひとりさん観音**（1995年12月8日建立）●

ひとりさんの寄付により、夜になるとライトアップして、観音様がオレンジ色に浮かびあがり、幻想的です。

●**セレブ龍**（2014年10月19日建立）●

ひとりさん観音の前方横に建てられた『金運アップ』の開運龍の石像です。

※ひとりさん観音とセレブ龍は、一人さんの弟子である、柴村恵美子さんが、故郷に建立されたものです。

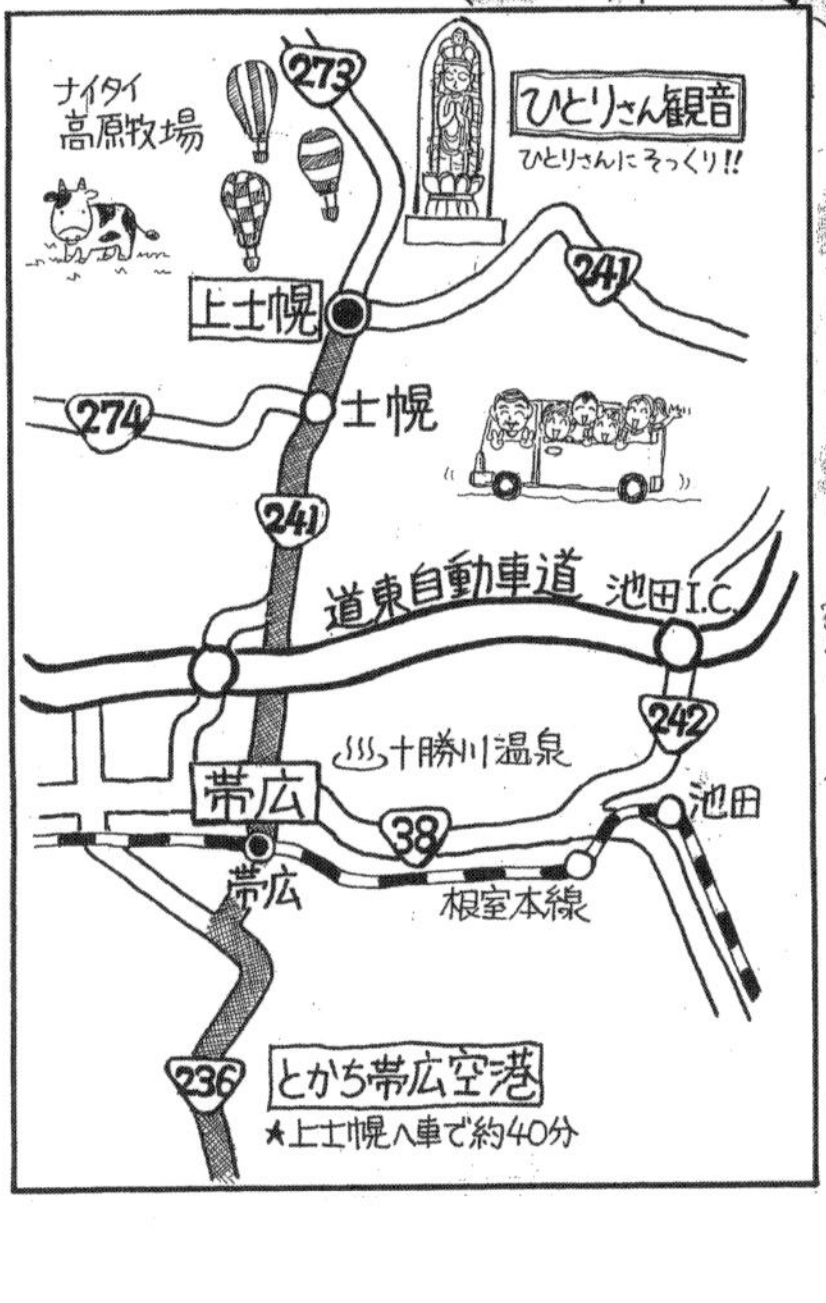

ひとりさん観音建立場所

瑞宝山 総林寺

住所：北海道河東郡
上士幌町字上士幌
東4線247番地

☎ 01564-2-2523

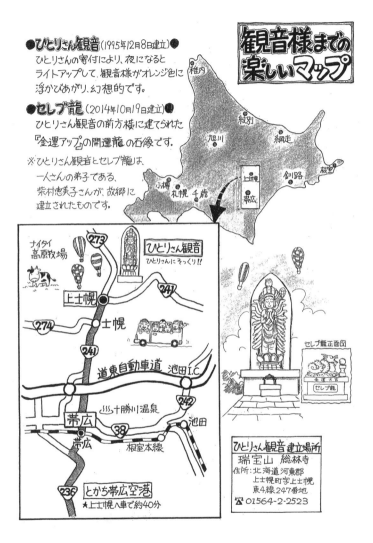

〈斎藤一人さんのプロフィール〉

『銀座まるかん』創設者で納税額日本一の実業家として知られる。1993年から、納税額12年間連続ベスト10入りという日本新記録を打ち立て、累積納税額も、発表を終えた2004年までに、前人未到の合計173億円をおさめた。
また、著作家としても、心の楽しさと経済的な豊かさを両立させるための著書を多数出版。主な著書に『人生が楽しくなる「因果の法則」』『知らないと損する不思議な話』『強運』（以上、ＰＨＰ研究所）などがある。

〈著者略歴〉

宮本真由美（みやもと　まゆみ）

東京都江戸川区生まれ。斎藤一人氏の10人の弟子の一人。

外資系の生命保険会社に勤めているときに、伝説の喫茶店「十《と》夢《む》想《そう》家《や》」で斎藤一人氏と出会う。

現在に至るまで、斎藤一人氏の生き方や考え方から、商売・会社経営に至るまで様々な教えを受け、事業家として成功。現在、セミナー、講演などでも活躍中。

著書に『斎藤一人　「強運」になれる７つの法則』『斎藤一人 世界一幸せになれる７つの魔法』『斎藤一人　すべてがうまくいくコツ49』『斎藤一人　モテモテ道』『斎藤一人　そのままの自分でいいんだよ』（以上、ＰＨＰ研究所）などがある。

【ホームページ】http://www.lovelymayumi.info/
【宮本真由美　公式ブログ】http://ameblo.jp/mm4900/

斎藤一人 大富豪が教える 大金持ちになる話し方

2016年５月30日　第１版第１刷発行

著　者　宮本真由美
発行者　安藤卓
発行所　株式会社ＰＨＰ研究所
京都本部　〒601-8411　京都市南区西九条北ノ内町11
文芸教養出版部　☎075-681-5514（編集）
東京本部　〒135-8137　江東区豊洲5-6-52
普及一部　☎03-3520-9630（販売）
PHP INTERFACE　http://www.php.co.jp/

制作協力
組　版　株式会社PHPエディターズ・グループ
印刷所　図書印刷株式会社
製本所　株式会社大進堂

ISBN978-4-569-83354-5

ＰＨＰの本

斎藤一人　そのままの自分でいいんだよ

宮本真由美　著

長者番付で知られる斎藤一人さんの弟子で、自身も経営者として成功した著者。幸せになるために自分らしく生きるコツを紹介する一冊。

定価　本体一、二〇〇円（税別）

PHPの本

斎藤一人　モテモテ道

宮本真由美　著

人に好かれれば、仕事も人生も恋愛もうまくいく！　幸せな成功者・斎藤一人さんが教えてくれた、異性からも同性からもモテまくる秘訣。

定価　本体一、二〇〇円（税別）

PHPの本

【図解】斎藤一人
がんばらないでお金も人も引き寄せる人の法則

柴村恵美子 著

特別なことをしないで人やお金を引き寄せる人がいます。一体、何が違うのでしょうか。斎藤一人流無理をしないで思い通りの人生を生きるコツ。

定価 本体八〇〇円（税別）